永尾雄二郎
クリストファー・ハーディング
生田 孝

# 仏教精神分析

## 古澤平作先生を語る

金剛出版

晩年の古澤平作先生
（七十歳、一九六七年秋）

# はじめに

最近、仏教と精神分析学との流れについて、あらためて見直される気運が日本のみならず世界的に芽生えているということから、英国エジンバラ大学のクリストファー・ハーディング先生（CH）が聞き役、聖隷浜松病院の生田孝先生が仲介役兼通訳という形で、いわば鼎談《ていだん》が平成二十四年四月、当院（永尾医院）で行われました。その時の内容は、記念のため一応テープインされてあり、その記録を元に一冊の小冊子としてまとめることができました。

昔から「話というものには間が大切で、間がものをいう」といわれています。ところが、書いたものには間があると「間抜け」となり、テープ起こしによる文からは意の通じない場所が多くみられました。そこで、若干の加筆を行い、「間抜け」を訂正して形を整えました。
本来なら学識豊かな生田先生、新知見に富むハーディング先生が主体となっての語りとなるべきところを、何分、半世紀以上昔の思い出話ということもあり、語り手としての私、永尾の話が主となり、何やら老人の繰りごととなってしまったことを重々お詫び申し上げます。

永尾雄二郎

《鼎談者》

医療法人社団光輪会永尾医院・介護老人保健施設あおばケアガーデン　永尾雄二郎
英国エジンバラ大学 歴史学・古典学・考古学部 アジア史学科
クリストファー・ハーディング（Christopher Harding）
総合病院聖隷浜松病院精神科　生田　孝

仏教精神分析｜目次

はじめに……永尾雄二郎　5

《鼎談者》――永尾雄二郎
クリストファー・ハーディング［Christopher Harding］
生田　孝

一――不思議な御縁　11
二――アジャセ・コンプレックスとその普遍性　33
三――精神療法　53
四――感応の世界―コンパッション　79
五――大自然の道理―アンダースタンド　93
あとがき……永尾雄二郎　103
注……生田　孝　106

解題〈1〉……山中康裕 129
解題〈2〉……妙木浩之 137
解説〈1〉知られざる古澤の過去……生田 孝 145
解説〈2〉仏教と精神分析への私の関心……クリストファー・ハーディング［訳：生田 孝］159
古澤平作 著作目録 巻末

# 一——不思議な御縁

永尾　不思議な御縁という言葉。仏教では不思議な御縁と申しますね。すべては御縁による……と。もう亡くなられてから五十年になる古澤平作先生［注1］のことを知りたいというお話で……本当に不思議という以外の言葉はないですね。

CH　特にこの精神分析と仏教との関係はかなり面白い関係ですね。

永尾　御子息の古澤頼雄［注2］さんとはお会いになったことはありますか？

CH　いろいろ聞いたり調べたりしていたところで、頼雄さんのことを知り、インターネットで連絡をとり、会ってくれて、彼のお父さんである平作先生の日記［注3］を手に入れることができたのです。その後、しばらくたって頼雄さんは亡くなられたそうです。

永尾　そうでしたか。それも不思議な事ですね。

CH　先生方にはこの日記のサンプルを、お渡ししようと思っていました。

永尾　今回、生田先生からの最初の手紙にも、不思議な事で……と書き出しがありましたが、誠に不思議。ハーディング先生が去年（二〇一二）の精神医学史学会［注4］で古澤平作先生についての報告をなされ、その場で生田先生が私のことをお話しされたとのこと。その生田先生は昔から僕のことをよく知ってらっしゃって、仏教会でもお会いするし、私の自宅においでになったこともある懇意の方です。これが別の方だったら今回のこの会合は行われなかったことでしょうね。まさに不思議……英語ではミステリーと言うのでしょうか？

生田　ミラクル（奇跡）とも言いますね。

永尾　不思議とは、知識や理屈を超えた頷《うなず》きで「了解」であることに対し、「不可解」とは全く違った感覚と申せましょう。

CH　生田先生とは名古屋の精神医学史学会で初めてお会いできて本当に良かったです。今日は、いろいろ教えて下さい。

永尾　これは古澤平作先生と御家族の写真です。（資料①参照）一番右が僕で、左へ順に古澤平作先生、長男の頼雄さん、長女の智子さん、そして奥様が次女の妙子さんを抱いておられます。

生田　長女、長男、次女がいらっしゃるのですね。

永尾　この手紙（資料②参照）[注5]は、僕が精神分析学会設立の第一回総会に出られなかった時に、先生が非常に怒ったというか悲しんだというか、「あなたこそが心からこの会の設立を喜んで下さる唯一の人なのに、なぜ出なかったのか。どう

資料① 古澤先生との出会い
一九四六年（昭和二十一年）十月撮影（永尾）
（左より、古澤の妻、次女・妙子、長女・智子、長男・頼雄、古澤平作、永尾雄二郎）

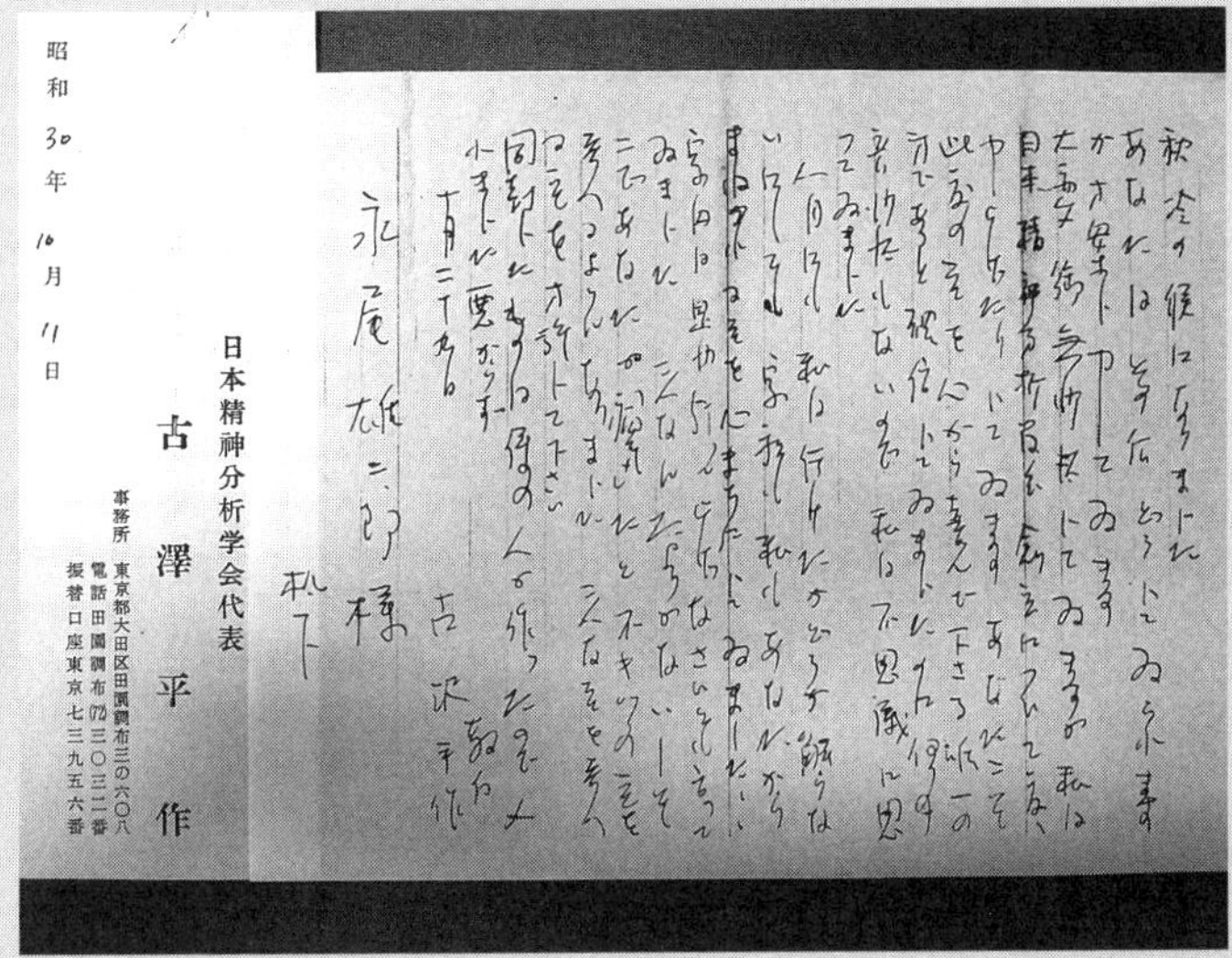

秋冷の候になりました
あなたはその后どうしてゐられます
か才案じ申してゐますが 私は
日本精神分析学会創立について度々
申し上げたりしてゐます あなたこそ
此度の事を心から喜んで下さる唯一の
方であると確信してゐました 何の
音沙汰もないので 私は不思議に思
ってゐました
八月にも私は行けたかどうか解らな
いにしても 家族も私もあなたから
まねかれた事を心まちにしてゐました、
家内は是非行ってあげなさいとも言って
ゐました こんなにたよりがない――そ
こであなたが「病気」たと不キツの事を
考へるようになりました こんな事を考へ
ることをオ許し下さい
同封したものは係の人が作ったので
大小まじった悪からず 敬白
十月二十九日 古沢平作
永尾雄二郎様 机下

昭和30年10月11日

日本精神分析学会代表
古澤平作
事務所 東京都大田区田園調布三の六〇八
電話田園調布(72)三〇三一番
振替口座東京七三九五六番

## 資料② 古澤から永尾に宛てた手紙（一九五五年十月二十九日消印）［注5］

「秋冷の候になりました　あなたにはその后どうしてゐられますか　オ案じ申してゐます　大変ご無沙汰してゐますが　私は日本精神分析学会創立について度々申し上げたりしてゐます　あなたこそ此度の事を心から喜んで下さる唯一の方であると確信してゐましたのに何の音沙汰もないので　私は不思議に思ってゐました　八月にも私は行けたかどうか解らないにしても　家族も私もあなたからまねかれた事を心まちにしてゐました、家内は是非行ってあげなさいとも言ってゐました　こんなにたよりがない――そこであなたが「病気」たと不キツの事を考えるようになりました　こんな事を考えることをオ許し下さい　同封したものは係の人が作ったので　大小まじった悪からず　敬白

十月二十九日　古澤平作

永尾雄二郎様　机下」

したことか？」という手紙です。その総会で古澤先生が会長になられたのです。また、これは先生の古希のお祝いの時の写真（資料③参照）［注6］です。この写真に写っているのは、ほとんどが精神分析研究会［注7］当時からのメンバーです。

CH　永尾先生は若い頃からずっと精神分析に興味があったのですか？

永尾　興味というよりも、僕自身がノイローゼになったものですから、古澤先生に分析治療（教育分析）していただいたという方が本当でしょう。当時僕は東京医大の医学生で、田園調布にある先生の精神分析学診療所を訪ねたのが昭和二十一年秋十月十九日ですから、満で二十一歳。生まれは一九二五年、大正十四年十月十一日です。ハーディング先生はおいくつなのですか？

CH　今、三十三歳です〔二〇一四年時点〕。

永尾　僕は教育分析を含めて約五年間古澤先生について学びましたが、「真に精神分析の治療効果をあげさせるためには、親鸞の心をもっていなければいけない」というのが古澤先生のプリンシプル、根本理念でした。ならば直接親鸞［注8］の心を学ぼうというのが、やがて僕が古澤先生から仏教の方に向かった理由なので

資料③　古澤平作先生 古希祝賀会

前列中央が古澤（和服姿）、その左側に次女・妙子。永尾は前列左から二人目。

前列左一人目が西園昌久、古澤の右が黒川利雄（前の東北大学総長）、その右が長男・頼雄、その背後の女性が小此木栄子、その右が小此木啓吾、栄子の左が武田専、その左が山村道雄、そこから左三人目が土居健郎。

後列左端が池見酉次郎。

す。分析を学びながらも般若心経《はんにゃしんぎょう》［注9］、維摩経《ゆいまきょう》［注10］、『仏教概論』（金子、一九一九）等の仏教書に接しながら十年ほど経って当時真宗［注11］の碩学第一人者といわれた金子大榮《だいえい》先生［注12］に直接師事するようになりました。昭和三十二年の秋十一月、数え年で三十三歳、金子先生は七十七歳でした。

**CH**　親鸞の心とは精神分析の上では、どういうことなのでしょうか？

**永尾**　精神分析は古澤先生にとって宗教と言っても良いほど絶対的なものでした。そして、フロイト［注13］は尊敬してやまない先生だったのです。それでは親鸞の心はいらないのではないか？　という疑問が出るでしょうが、フロイトは素晴らしい、つまり今まで人間の「意識」だけで考えていた世界に、「無意識」という世界を提唱しましたね。今までの人類が考えていたベヴゥストザイン（意識）だけでなくて、ウンベヴゥスト（無意識）［注14］の世界を追求した素晴らしい人だと。また、仏教はこの世（目に見える世界）だけではなくて、あの世（目に見えない世界）をいただくという教えです。大乗《だいじょう》唯識論《ゆいしきろん》［注15］では、その目に見えない世界のことを「阿頼耶識《あらやしき》」［注16］と呼んでいます。つまり両方とも「隠れた世界を見る」という点において一致しているわけです。古澤先生は多分、フロイトは偉大なる人だからこの自分古澤の考えをしっかり理解する人に違いない、と信じてフロイトを慕っていたのだと思います。ですから古澤先生にとって精神分析は即仏教でもあったわけです。そこでもうフロイト先生一辺倒でした。

CH　でしたらフロイトに会いに行った時、ちょっとがっかりしたのではないでしょうか？　フロイトは宗教的なことは好きではなかった人物ですし、宗教的な考え方はフロイトには合っていないのではないでしょうか？

永尾　そうですね。フロイトはどちらかというとアンチ宗教の人でしたから。フロイトにすれば宗教とは結局、科学から逃げる……子どもじみた幻想のようなものと考えていたようです。だから「弱きものよ去れ、天国へ行って遊べ」という形で、ユング[注17]と分かれたということも元はそのようなところにあるのかもしれませんね。

CH　ですよね。だからどうして古澤先生はそんなにユングのことには興味がなかったのか、ちょっとびっくりします。

永尾　むしろユングの精神分析の方が古澤先生に似ていたといえるかもしれませんね。

CH　はい。ですが古澤先生はそれほどユングの出版されたものを読んでいなかったのでしょうか?

永尾　終戦当時の日本ではユングの名はまだあまり知られていなかったからでもありましょう。もしも古澤先生がユングを読めば、ユングの思想にむしろ近いと僕も思います。ユングは曼荼羅《まんだら》［注18］を調べたりして仏教にも関心があったようです。

CH　あと、ユングは日本の禅宗［注19］にも興味がありましたね。

永尾　古澤先生は日本人の持っている「恩義」という意識が非常に強い人でした。「恩を感ずる」ということは「縁を感ずる」ことと同じように、仏教精神として最も大切なことなのです。一切の御縁を有り難くいただくことが、結局は「一切に対して御恩を感じる」ことになるわけです。

生田　「恩」とは英語で何と言うのですか?

CH　フェイバー（favor）、グラティトゥード（gratitude）です。

永尾　古澤先生は恩に厚い人でしたから、おそらくフロイトが決別した人の方に付くということは恩義に反するという思いにもよるでしょうか。

CH　なるほど。

永尾　古澤先生は特にユングを研究して、ユングの方が僕に近いと言って寄っていくことは無かったと思います。あくまでもフロイト先生一辺倒でしたから。

CH　なるほど。フロイトはアンチ宗教でしたけれども、古澤先生の考え方としてはフロイト先生の取り上げる宗教とはキリスト教のことだと判断していたのでしょうか？　仏教とは関係ないと思ったのでしょうか？

永尾　そうでしょう。フロイトは宗教とはキリスト教のことを言っていたと思います。とは言っても、キリスト教であろうと仏教であろうと真実をいただく点においては一緒だと僕は思います。そうは思いませんか？

CH　私もそう思います。

永尾　真実というものに変わりはない。言葉は違っても、神、ゴッドと言おうと、如来と言おうと、仏と言おうと、阿弥陀と言おうと、それは言葉が違うだけで真実そのものは一緒です。哲学的表現で言えば「無限」ですね。この頃は、科学者の間でも「サムシング・グレート（something great）」と呼んでいる人もあります。「サムシング・グレート」によってわれわれは生かされている。あるいは「グレートマザー（great mother）」と呼ぶ人もあります。それでいいと思います。愛というも慈悲というも、端的に言えば「母性愛」といえるでしょう。自分の身を忘れて子を護る心です。己を忘れての愛、それは母性愛として表現されるべきものといえましょう。けれども、宗派が違うと喧嘩する。昔から現在に至るまで宗教の名によって争っている。変ですね。それはまったくの誤りですね。

CH　永尾先生自身は小さい頃から宗教、仏教に興味とか関係などがあったのですか？

永尾　初めに申しましたように、自分では考えられない何か不思議な御縁によるものでしょう。僕が古澤先生にお会いしたのが昭和二十一年十月十九日、数え年で二十二歳。先生が数え年で五十歳でした。それから仏教の本を読むようになったのです。大きな御縁ですね。ですから、古澤先生によって仏教の門を叩くようになったと申せます。古澤先生がフロイトを尊敬していたように、僕は若き学生の頃、古澤先生を世界一の人格者として、人間はこうあるべきだという相を古澤先生において思い描いていたのです。分析的に言うならば感情の陽性転移と申せましょう。

CH　それは個人的にはどうしてですか？　先生の学問ですか？　分析的技術ですか？

永尾　先生の人格そのものに惹かれたと申せましょう。パーソナリティですね。

CH　たとえばどういうところでしょうか？

**永尾**　何といっても、率直。その率直な人柄です。古澤先生の学問とか、テクニックとか、理論とかいう問題よりも、先生の人格そのもの。まあ、生田先生風にいえば「パトス」に打たれたのです[注20]。つまり、コンパッション（compassion）によると申したら良いでしょう。まあ、平たく言えば「感化を受けた」ということでしょうね。

**CH**　古澤先生のセラピーの方法について教えてください。昭和二十一年頃、永尾先生が二十二歳の頃でしたでしょうか？　その時にどういうふうに精神分析を受けたのでしょうか？　すごく日本的なしかたでしょうか？　それとも外国的でしたでしょうか？

**永尾**　基本は自由連想法[注21]です。やはりあれは当時の精神分析のやり方だったのでしょうか、クライエント（被分析者）はベッドに仰臥して、セラピスト（分析者）はクライエントの視線を避けて、その背後に置かれた椅子に腰掛けるといった形です。

**生田**　ベッドとは寝椅子ですか？　僕の頃はただの椅子、椅子に座って……と書いている人が多かったですが。

永尾　僕の時は寝椅子でした。僕はそれに寝て、先生は頭の位置でクライエントからは顔が見えないよう、背後に座っていました。

CH　時間は一時間くらいですか？

永尾　正確には五十分くらいでしたね。一週間に一回でした。

CH　その治療はどれくらい続いたのでしょうか？

永尾　だいぶ昔のことなのではっきりとは覚えていないのですが、五カ月ほど続きました。計二十回くらいですか。それで終わりました。僕自身もその時分に先生の言葉をお聞きして、先ほど述べたように仏教の本を読んだりしていたのですが、とにかく悩みが消えたというのは事実です。自分はデペルゾナリザチオン〔注22〕というものではないかと思う。つまり離人症、自分が自分でないような感覚、一体自分は何だろう？　何のために生きているのか？　というように、頭上に雲がかかったように苦しくて、それで古澤先生の下を訪ねたのです。それから五カ月ほど分析を受けてその悩みが消えたのです。

CH　それはどうしてでしょうか？　その当時はそんなに精神分析は広まってなかったですよね？

永尾　僕はその頃ちょうど古澤診療所の近くに住んでいたんです。下宿していたのです。
CH　それは田園調布でしたか？
永尾　隣接した一キロほど離れた調布嶺町という所にある叔父の家に下宿していたのですが、近所に「精神分析学診療所 医学博士 古澤平作」という表札のある邸宅があったのです。話は最初に戻りますが、不思議だったのは、なぜ、ハーディング先生が永尾という名前を知ったのかということです。
CH　それはこの学会で生田先生にお会いして、古澤先生のことを話したら永尾先生の名前が出まして、NHKの番組に何回も出られていることを知りました［注23］。
生田　去年（二〇一二）の精神医学史学会で彼がこういうことを研究しているという話をしたので、それならば当時のことを良く知る生き証人……永尾先生という方がいるから会ってみますか、と尋ねたら「ぜひ会いたい」ということになったのです。
永尾　確かにもうほとんど僕と同じ年代の人たちはお亡くなりになっています。この写真に写っている武田［注24］という先生はまだ御健在ではないでしょうか（二〇一三年逝去）。

CH　はい、二年前にお会いしたことがあります。

永尾　（資料③をみながら）これは僕、これは九大心療内科の池見酉次郎《ゆうじろう》先生［注25］。この池見先生も古澤先生に分析を受けた人です。それから、作家の瀬戸内寂聴［注26］さんも、瀬戸内晴美という名前で小説を書いている頃、離婚や家庭のトラブルなどで悩んだことがあって古澤先生に精神分析を受けていたそうです。何かの機会があったら会ってみてはいかがでしょうか？　最近文化勲章を受章しテレビにもよく出ています。今は京都にいらっしゃると思います。

生田　何回も男性スキャンダルがありましたね。それをネタに小説を書いてベストセラー作家になって……。人生がおどろおどろしい、カオスの中にいた人。人生を何とかしようということで仏教の世界に入ったんです。

永尾　仏教の世界に関心を持つ人は、やはり何かの問題や悩みを自分の人生に感じてのことでしょう。

CH　永尾先生が古澤先生にセラピーを受けた時に、仏教の話はどのように入ってきたのでしょうか？

永尾　僕の記憶では、正式な分析の最中よりも、その後の対談の時だったと思います。

親鸞の『歎異抄《たんにしょう》』〔注27〕の中の言葉がはっきり心に残っています。

聖人のおほせには、善悪のふたつ、総じてもて存知せざるなり。そのゆへは、如来の御こゝろによしとおぼしめすほどに、しりとをしたらばこそ、よきをしりたるにてもあらめ、如来のあしとおぼしめすほどに、しりとはしたらばこそ、あしさをしりたるにてもあらめど、煩悩具足の凡夫、火宅無常の世界は、よろづのこと、みなもてそらごと、たわごと、まことあることなきに、たゞ念仏のみぞまことにておはします。

（『歎異抄』述懐篇より）

永尾　これは『歎異抄』述懐篇に述べられている親鸞聖人の言葉ですが、もう一つ浄土真宗中興の祖といわれる蓮如上人〔注28〕の言葉として、「王法を額に、仏法は胸に」、王法とはいわゆる国の制度、法律といったものです。仏法は常に胸の奥に潜め、表に出すのは王法。つまり時代の制度や法律に従っていること。封建社会の時代は封建主義、今の時代で言えば自由主義、民主主義といったその時代に従う。いかに時代は変わっても「ただ念仏のみぞまことにておわします」ということを心の奥にしっかり持っておくことが大切だということです。これは僕自身の解釈ですが、古澤先生はあまり政治とか経済、イデオロギーなどには関心がなかったと思います。

CH　古澤先生がクライエントに対してそういう話をすることはよくあることだったのですか？　それとももう少し個人的な、特別な関係だったのでしょうか？

永尾　そうでしょうね。僕の場合はただ、セラピストとクライエントというだけの関係ではなくて、家族の一員のような形で迎えて下さっておられたのだと思います。僕が二十歳そこそこ、古澤先生は五十代前半頃でしたから、息子のような存在であったこと、また、自分を理想の人物だという思いを持ってくれている青年がそこに現れたという喜びを感じておられたからだと思います。ですから、先ほど申しましたようにパトスとパトスの交流だったと申せましょう。

CH　それで、ご家族と一緒に話したりされたのですね。

永尾　そういうこともありました。あの時分は食べ物のない時代で配給とかがあって、食べ物はないが奥の部屋でお茶をいただいて、写真を撮ったり、宝物をみせてもらったりしました。宝物というのは近角常観《ちかずみじょうかん》［注29］という当時の浄土真宗の学者で、古澤先生にとっては「親鸞の心」の先生にあたる方ですが、その方の軸物を見せていただいたりもしました。その軸物の言葉は、親鸞の『教行信証』［注30］にある一節でした。

悲《かな》しきかな愚禿鸞《ぐとくらん》（よくよく省みると自分はどうすることもできない愚かな人間であり、悲しみにたえないことである）
愛欲《あいよく》の広海《こうかい》に沈没《ちんもつ》し（心は愛欲にまみれている）
名利《みょうり》の大山《たいせん》に迷惑《めいわく》して（偉くなろう、金を儲けようなど、自分の名利のことばかり考えている）
定聚《じょうじゅ》の数《かず》に入《い》ることを喜《よろこ》ばず（仏の仲間に入ろうとしない）
真証《しんしょう》の証《さとり》に近《ちか》づくことを快《たの》しまざることを（真《しん》の証《さとり》に近づこうとしない）
恥《は》ずべし痛《いた》むべし（恥ずかしい、また、痛ましい自分の相《すがた》、まことに悲しいことである）

（『教行信証』信巻）

永尾　親鸞のこの言葉は今思えば古澤先生の仏教精神分析の根本の言葉だと思います。人間は実利を得る道ばかりを考えて、真実の道を見失うという、そのあり方を悲しんでいることだと申せましょう。

CH　精神分析の部屋には仏教関係のものは何か置いてありましたか？

永尾　書架には鈴木大拙《だいせつ》師［注31］の『禅の研究』（鈴木、一九一六）、金子大榮師の『親鸞教の研究』（金子、一九四三）が並んで置かれてありました。

CH　古澤先生は近角常観さんについてよく先生に話していましたか？　すごく大切な人だったのでしょうか？

永尾　親鸞思想の伝承の師として大切な方だったと思います。古澤先生は近角常観師のお話を聞きに行かれたことがあるということで、本郷の東大赤門の近くにある「求道会館」［注32］へ一緒に行こうと僕を誘ってくれました。昭和二十二年でしたから常観師は亡くなられており、その頃は弟の近角常音師［注33］が館長をされていました。兄が観、弟が音。両方合わせると「観音」ということになります。そこで常音師にお会いし、古澤先生は僕を弟子と紹介してくれました。その時、常音師が「良い弟子を持ちましたね」と言ってくれたのを覚えています。

また、古澤先生から特に仏教についての具体的な教えがあったわけではありませんが、思えば大きな御縁をいただいたことになります。古澤先生の精神分析は、はっきり言うと仏教精神分析である。そして、新しい仏教精神分析を創った方であると僕は思っています。

CH　それはどういう形で仏教精神分析になっているのでしょうか？　たとえばセラピーを行う方法でしょうか？　難しい質問ですみません。

永尾　それは結局のところ、セラピスト自身の心の問題と申せましょう。初めに述べましたように古澤先生がいつも言っておられた、「精神分析を本当に効果あらしめるためには、親鸞の心を持っていなければならない」というのが即、仏教精神分析であるわけです。僕が思うに、「フロイト先生は素晴らしい先生だ」と古澤先生は一貫して言っておられました。自分の出した論文などをフロイト先生が理解していないわけがない……と。

CH　フロイトは本当にそれを読んだのでしょうか？

生田　フロイトのところに置いてきたのは確かですよね。古澤先生がフロイトのところに行った時に、フロイトの日記[注34]に「古澤が来た」と書いてあります。ただ、アジャセ（阿闍世）論文〔注35〕のことについては一言も書いていないです。富士山の絵を置いていったということしか書いていないです。

永尾　フロイトが喜んだというのは、ジャパンという東洋の国で黙々と自分の分析療法を実践している唯一の若者であることに感心していたのであって、アジャセ・コンプレックス〔注36・37〕を評価して読んだわけではないと僕も思います。古澤先生が書いているエッセイ等を見ると、「エディプス・コンプレックスよりもアジャセ・コンプレックスこそがこれからの人類にとって必要なものである」というようなことが書いてあるでしょう。あれを読むと一見フロイト先生にたてついているような、そんな印象さえ与えかねません。だからそんなに感心して喜ぶ事は無いと思います。

# 二——アジャセ・コンプレックスとその普遍性

CH　「アジャセ・コンプレックス」とは、古澤先生の考えでは日本人だけに向けたコンプレックスですか？

永尾　いや、日本人に限らず、これからはこれが世界的になるであろうと考えており、また、そうなってもらいたいというのが古澤先生の念願でした。

CH　十年前くらいにイギリスのある歴史家が、古澤平作の精神分析は日本人だけのための精神分析だったと書いていたのですが、そうではなくて世界的なものですか？

永尾　古澤先生はアジャセ・コンプレックスこそがこれからの世界人類を救う普遍性のものである……と。これが古澤先生の信念でもあり、願いでもあったと思いますね。

CH　そのアジャセ・コンプレックスには懺悔《ざんげ》のことが書いてありましたが、これももちろん仏教からきているのでしょうけれども、日本だけではなく誰でも大切なことなのでしょうか？

永尾　その通りですね。「懺悔」は仏教だけでなく、あらゆる宗教の根源的なものと申せましょう。そういう意味において全人類的であり、普遍的であります。「人間の存在そのもの」という場合は懺悔というあり方でなければ人間は救われないというのが仏教的懺悔なのですね。「あの時のことを考えてみると僕はちょっと悪かった。言いすぎたかもしれない、懺悔します」とか、「悔い改めます、反省しました」という個々の意識に上がった問題だけのものではなく、意識の底にある「人間の存在そのもの」が懺悔という。つまり、「申し訳ないということによってしか人間は生きておれない」といった、人間の根源的なものに対する反省であり、そういう「人間の存在そのもののあり方」を親鸞は「悲しいかな、悲しいかな……」と言っているのです。その悲しみの心、それが懺悔なのです。ところが、その「悲しいかな」という言葉を見て、ある有名な精神科教授が、「あれは罪業《ざいごう》妄想の一つだ」と言っていましたが、そういう受け止め方は科学的かもしれませんが宗教的ではないと思います。

CH　「罪業妄想」とはなんですか?

生田　ギルティー・デリュージョン(guilty delusion, delusion of culpability)ですね。自分の言動および心の動きに取り返しのつかない罪を犯してしまったと妄想することです。

CH　なるほど。

永尾　たとえ学問的には罪業妄想という病的なものであっても、それが仏教的懺悔によって浄化（カタルシス）される。それが仏教的精神分析の基本であり、古澤先生の目指していた「親鸞の心」だったと申せましょう。そして、僕の求めた「親鸞の心」でもありました。「親鸞の心」はそのまま永遠なる仏教の伝統精神です。アジャセ・コンプレックスとは、端的に言うならば「恩に対する反逆心」と申せましょう。「恩なんてものはウザイ。そんなことより生きることを考える方が大切だ」そういった考え方が現実的と称して当然のようになってきた現代と言われています。こうしてアジャセ・コンプレックスは、人間であることの罪の懺悔によって初めて解消されることになるわけです。そのとき人は初めて一切を拝む心が生じて救われます。哲学者の梅原猛さんなんかは、親鸞についてただ一つ解らないことがある。何で自分をそこまで罪悪の人間と言うのだろうか？何故自分をあんなに「罪深い、罪深い」と傷めつけなければならないのか理解できないと言っていましたけれども、それは懺悔という意味において先ほど申しましたように、あの時を懺悔する、あのことを悔い改めるというような個々の出来事や問題ではなくて、「人間そのものの存在のあり方」を言っているのです。そして、そこに自分自身の相を重ねたときの、その悲しみの感情において自分は罪深いと申しているのです。それが、「悪人正機《あくにんしょうき》」と言われることです。悪人正機という言葉は聞いたことがあります。

CH 「善人なをもて往生をとぐ、いはんや悪人をや」と歎異抄で言われております。悪人正機というのは、平面的に言えば「悪人でさえも救われる」ということですが、それを哲学的に言えば「人間の存在のあり方に対する自覚」、端的に言うならば「人間に生まれた悲しみ」であると申せましょう。その「悲しみの感情」において初めて人は救われるのであって、悲しみの感情のない言葉（ロゴス）だけだと、それは単なる説明に過ぎなくなります。つまり、悪人が救われるということは、「お前は悪人だ」と言って他人を指差し、外に向かって言うのではなく、内に向かって自分のことを悪人であると言っているのです。また、科学的、あるいは客観的に「人間というものは罪が深い」と理論的に言っているのではなく、自分自身を省みて私が悪人ですと言っているのです。その悲しみの感情において初めて人は救われるのだということです。それが仏教的懺悔のあり方

永尾

と申せましょう。繰り返しになりますが、アジャセ・コンプレックスというのはある特殊な人間あるいはある種の変わった病人というのではなくて、人間である限りすべての人間の持っている罪ともいうべきもので、決して他人ごとではありません。私自身の相というべきものです。そのアジャセ・コンプレックスから解放されたとき、個の私は救われ、一切に向かって手を合わせて心から感謝することができるようになる。そこに人類の平和が出現する。それが古澤先生の目指す「親鸞の心」だったと申せましょう。

CH　古澤平作は子どものころから自力と他力のことに興味があったと、ある本に書いてあったと思います。その時代には人間は人間という考え方ではなく、イギリス人はイギリス人、日本人は日本人としていろいろな違いがあるという考え方が多かったですよね。でも、古澤平作の場合は日本人のための精神分析ではなく、あくまで人間のための精神分析として考えていたということなのですね。

永尾　そうです。そう思いますね。人類すべてのためのものだと。それはやはり仏教精神から来ているのでしょう。「アジャセ・コンプレックス」から救われるのは全人類の普遍的問題だということです。

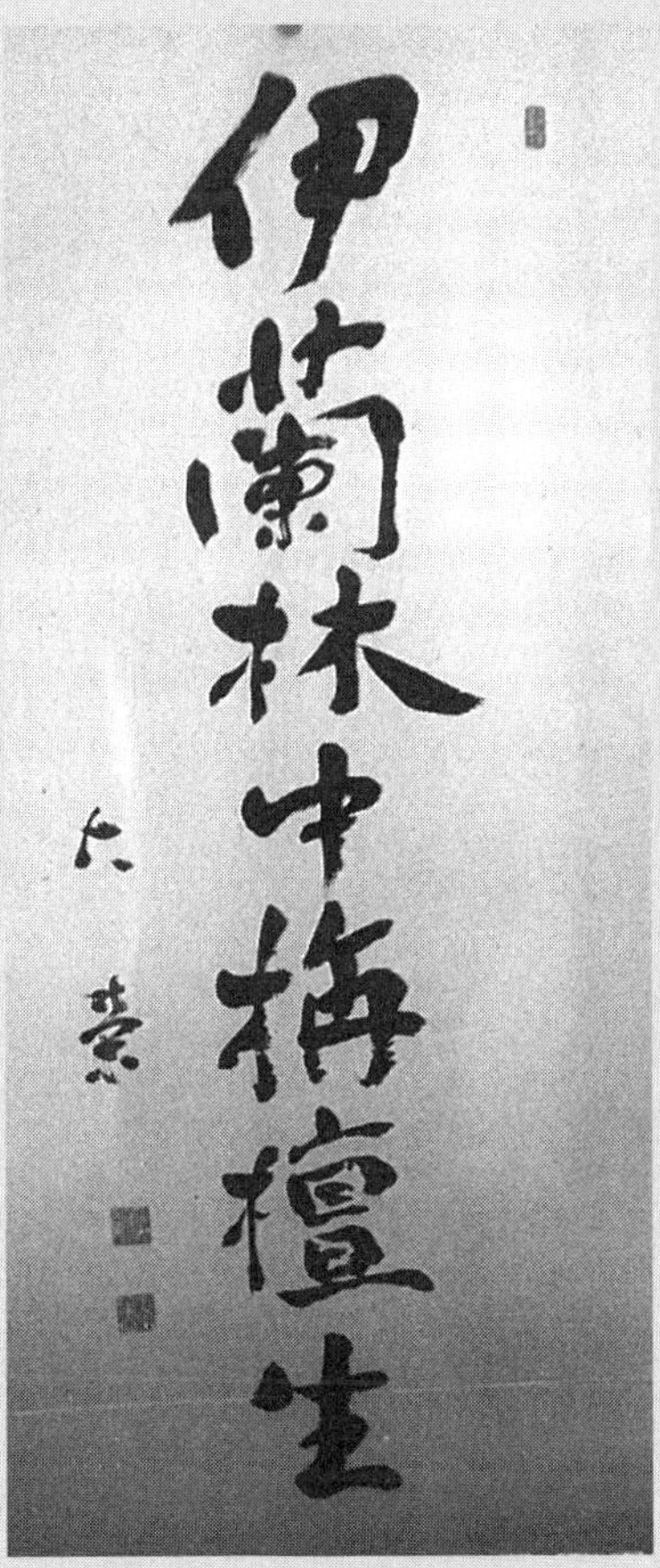


資料④　金子大榮先生　米寿　御揮毫

［註］「伊蘭林中栴檀生」とは、伊蘭《いらん》という悪臭のある木の林の中から、栴檀《せんだん》という香りのよい花が咲いたというありえないことが起こったということ。救われるはずのない逆悪の自分が救われた……という喜びをアジャセが語ったという経典の言葉。

――『教行信証』より

CH　また、古澤先生は、戦争の後の日本を創ろうという気持ちが強かったみたいですね。それはどのように精神分析が関係あるのでしょうか？　戦争後の未来の日本を創るにあたって。古澤先生は一九四五年から一九四六年にこれからの日本を創ろうという気持ちがあって、精神分析が必要になると考えていたということなのですが、社会的なのか政治的なのか解らないのですが。

永尾　僕が古澤先生に師事したのが一九四六年（昭和二十一年）、第二次世界大戦終戦直後の頃でしたが、社会的とか政治的ということではないでしょう。先生が考えているとすれば人類のことでしょう。先生は純粋な「日本人」でした。

CH　その「日本人」というのはどういう意味でしょうか？

生田　サムライ（侍）ということでしょうか？

永尾　当時の日本人は皆そうでしたが、先生は天皇陛下を大変尊敬していらっしゃいました。「天皇陛下、私がいる限りは陛下にご心配をかけません」というようなことをいつも言っておられました。そして、「自分は現代の児島高徳《たかのり》だ」［注38］と言っていました。戦争や政治的なことについてはあまり話されませんでした。政治的なことについて関係のある話といえば、共産党は嫌いだということでした。

もう一つ、「貧乏人コンプレックス」というものには、金持ちを嫉むという心情があり、これがなかなか抜けないとのことでした。またある時、「今日は税務署へ行ってしかってきました」と言われました。「僕のように人類のために命懸けで働いている者から税金を取ろうというのは何事か!」と言ってこられたそうです。そういうふうに、古澤先生という方はすべてオープンです。包み隠さず自分の喜怒哀楽を表される方でした。古澤先生に限らず、当時の日本人は、ほとんどの人が天皇陛下を敬い、共産党は嫌いでした。だからといって政治や経済に対してはまったくの無関心で、頭の中はプシコ(精神)治療[注39]のことより他のことは何もなかったと申せましょう。

CH　女性が精神分析をする側になることにはどう思われていたのですか? 性別についてはどう思っていたのですか?

永尾　性別についての話は特にありませんでした。

CH　この時代、女性の精神分析医はかなり少ないですよね。

永尾　そうですね、患者さんはわずかにあったようですが、アナリストや医師はほとんどいませんでした。当時は僕の知っている人では、諸岡妙子[注40]という方が教育分析を受けていました。立華学園という学校の先生でした。女性は数が少なかったです。

生田　木田恵子［注41］さんという人がいましたね。

永尾　そうですね。木田恵子さんは後に精神分析学会になってから事務や会計などをやっていたと思います。

CH　どうしてそんなに少なかったのでしょうね。逆にヨーロッパにはかなりいたのですけれどもね。

生田　日本だとそれだけお金を払える女性が少なかったのでしょうね。経済力がないから。永尾先生も古澤先生には毎回お金を払っていたのですか？

永尾　いくら払ったかはよく覚えていませんが、現実原則［注42］ということについてね。あるエピソードを紹介しますが、当時はまだ終戦直後ですから都内の省線電車というものが混乱して遅れたりするのです。それで先生との約束の時間に少し（五分位）遅れたりすると、「永尾しゃーん、今日はあなたはもう帰って下さーい。あなたは僕に対して抵抗現象が起こっています」と言われるのです。だから僕が「ちょっと電車が遅れたのです」と言ったら、「あなたが本当に僕のところへ来たいなら電車が遅れるわけがないです」と言われました。

生田　厳しいですね（笑）

永尾　ちょっとおかしいとは思いましたが、そういうことだから帰ろうとすると、「あなたのためにとってある時間のお金は払っていただきます。これが現実原則というものです」と。これは正に教育だと思いますけどね。もう一つ面白いのは、先生と話をしている途中に尿意を催したので「ちょっと先生、便所を貸していただきたい」と言って用をたして帰ってくると、先生が「あなたは今日、僕の話を聞いて僕の顔に小便をかけに来たのか」と言うので、「たまたま時間が経って小便に行きたくなったのです」と言ったら、「あなたが今小便に行ったのは、僕の顔に小便をかけようという、つまり抵抗現象のあらわれです」と。まあ、それも分析教育の一環だったのかもしれませんが、正直なところその時僕自身は「ああ、そうでございました」とは思わなかった。「ちょっと変だな」と内心思いました。

CH　その時はもう古澤先生の下で勉強をされていたのですか？

永尾　もう教育分析は終わって、その後の師弟関係の続いていた時だったと思います。

CH　その後、永尾先生は精神医学に進もうと思われたのですか？

永尾　いや、当時は精神科では食べていけない時代でした。現代のように薬は無いし、病人の牢番のようなものでした。僕は学生時代に父親を亡くしており、母親が一人田舎に残っていたので、早く生計をたてないといけない状況だったため、お茶の水の婦人科の病院に行ったのです。古澤先生は精神科を期待してアメリカのメニンガー・クリニック〔注43〕に紹介しようかと言ってくれたのですが、到底海外留学する経済的余裕は無かったのです。その後、土居健郎さん〔注44〕がメニンガー・クリニックに行きましたね。土居さんも古澤先生に教育分析を受けた一人でした。それと、渡辺宏、荻野馨、みな東大脳研〔注45〕でした。

CH　小此木さん〔注46〕も東大でしたか？

永尾　小此木さんは慶応です。僕たちの五年くらい後に古澤先生のもとへ来ました。その頃から慶応系の人たちが来るようになりました。

CH　土居先生はキリスト教のカトリックだったと思いますが〔注47〕、古澤先生と宗教についての話はあったのでしょうか？

永尾　無かったですね。

CH　古澤先生は仏教とキリスト教の精神分析の違いについての興味はなかったのですか？

永尾　聞いたことはないですね。キリスト教と仏教との関係とか相違など、批判もしませんでした。ただ、「生長の家」というものがありましたが、そこの谷口雅春師[注48]と大喧嘩したことはありましたね。

CH　古澤先生の資料に谷口雅春の名前が出てくるのですが、友達だったのでしょうか？　同僚だったのでしょうか？

永尾　喧嘩友達じゃないかな。多分、患者さんのことについてだったと思いますが、大喧嘩したのですよ。

CH　喧嘩する前は友達だったのですか？

永尾　それはわかりません。おそらくそんなに友達ではなかったでしょう。ある時、古澤先生の下へ谷口雅春師より「お前は悪魔だ、悪魔よ去れ！」という手紙が送られてきたと……。その手紙をもらった古澤先生は烈火の如く怒り、「お前は口では〝人は皆、神の子だ〟と外に向かって言っていながら僕のことを悪魔と言ったのは、お前の心の中に悪魔があるから僕を悪魔だと言うのだ。お前こそ悪魔だ！」と返事を出したと言っておられました。古澤先生はエピソードの多い人でもありますね。

CH　喧嘩の根源は何でしょう？　やはり精神分析の関係ですか？「生長の家」にも精神分析関係のいろいろなことが入っているから、そのことで喧嘩になったのではないかと僕は思っていますが。

生田　精神分析の人が何人か「生長の家」に入っているんですか？

CH　精神分析の学説が入っています。

生田　ああ、学説がね。

永尾　「生長の家」は潜在意識というものを取り入れていますね。ですから、そういう関係で……でも仲が良いのが本当だと思うけどなあ。

CH　これも古澤先生の資料に入っているのですが、古澤先生と谷口雅春が同じクライエントをセラピーしていたと書いてあります。

永尾　なるほど、そういう関係で意見が合わなくなったのかもしれませんね。

CH　古澤先生は谷口雅春に考え方を少し変えてほしいと書いているのですよ。間違えているから説得したいと書いています。

永尾　それはいつ頃ですか？

CH　一九四〇年代です。谷口さんの団体など、新興宗教についての意見は何かあったのでしょうか？

永尾　それはよくわかりませんね。

CH　大槻憲二［注49］などとの関係について教えてください。その当時はいろいろなグループがあったのでしょうか？

永尾　大槻憲二、安田徳太郎［注50］などは既に昭和初期にフロイトの日本語翻訳書などを出して日本に精神分析というものを紹介していますね。また、慶応の林髞《たかし》［注51］という生理学の教授などがパブロフ［注52］の条件反射などの話をしている時に、この頃精神分析という学問が出てきたと紹介しており、僕はその先生の話を聞いて古澤先生に会う四〜五年前に精神分析というものに関心をもっていました。

CH　その時、古澤先生と大槻憲二などと関係はありましたか？

永尾　あまり関係は無かったと思います。あってもおかしくなかったでしょうけれども。むしろ、古澤先生は無視していたような印象があります。古澤先生は医師として直接フロイトに学び、診療できるのは自分だけだというプライド、自負があったと思います。大槻憲二などの名前が出てきたことはありませんでした。谷口さんと喧嘩した話はありましたけどね。喧嘩したというエピソードで思い出されるのは、三浦岱栄《たいえい》先生［注53］ですね。カトリック信仰の人でした。三浦先生が勤めていた東京小金井の桜町病院に僕はインターンとしていたことがあります。その頃僕は古澤先生に熱を上げていたのです。ですから、僕が古澤先生の話をしたら、「あんまりそういうものに興味を持たない方がいい。精神分析は人間を悪くする学問だ」と言われました。つまり「あの人は人が悪い」というように、物事を悪意に解釈する学問だというのです。たとえば、――あの人は結婚式に来て口ではおめでとうございますと言っているが、心の中ではこの結婚は潰れた方がいいと願っているのだ――といったような、人間の心の裏であるとか、素直に受け止めず人を疑うという術、それが精神分析であるということを三浦先生ははっきりと言っていました。三浦先生はよくミサにも行っていた熱心なカトリック信者でした。ですから、カトリックの精神と精神分析は違っていたのではないかと思います。フロイトがアンチ宗教であったことにも重なるものがあるかもしれません。

CH　でも、三浦先生は古澤先生を応援したこともあったのですよね。
永尾　あるのです。その後、三浦先生は慶応大の精神科教授になられ、何年か経ってから精神分析学会の会長も継ぎました。その頃僕はもう静岡に来ていましたが、あんなことを言っていた三浦先生が会長になるなんて、世の中変なことがあるものだと思いました。後に、武田専さんのエピソード。古澤先生が会場で弟子たちに、「三浦に付くか、古澤に付くかはっきりせよ」と言って喧嘩したと聞きましたが……。
生田　どっちに付くんだと聞かれた武田先生は「二人に付きます。両方とも先生です」と言ったので、三浦先生は態度をガラッと変えて、また仲良くやるようになったそうです。
CH　何で喧嘩になったかは、わからないですね。
永尾　まあ、さっき言ったような分析に対する見解の違いがあったのでしょうね。ところで今日は本当にいい日でした。七十年も昔のことをたくさん思い出しました。不思議なものですね。やはり喜び、歓喜のおかげでしょうね。ハーヴィング先生、生田先生にお会いできたからです。信仰をすると喜びが起こるというのはこのことじゃないでしょうか。このように、喜びが起こる点において、宗教はすべて一緒だと思います。キリスト教であろうと、生長の家であろうと、カトリックであろうと、プロテスタントであろうと、何であろうとも最後は喜びが起こる。場合によれば、特定の宗教など無くてもそういった喜びを持っていれば、それが宗教であると言って良いと思います。

**CH**　ヨーロッパにおいてはキリスト教と精神分析の関係において、精神分析はキリスト教に反対しているから気をつけなければいけないとか、まったく信じていることが違うので、キリスト教と精神分析は合わせることができない。古澤先生の場合は仏教と精神分析を合わせることは問題ないですか？

**永尾**　ズバリ言うと、アンチであること自体が不可解ですよ。共通して言えることは、意識や知識だけでは解らない世界があるということですね。古澤先生がかねがね言っておられたことは、「分析で行き詰まったから宗教、宗教で行き詰まったから分析というのではなくて、分析と宗教とが各々相まってこそ真の治療効果があがる」ということでした。そしてその後の私自身の経験としては、全くその通りだと思っています。もし欧米の方が、精神分析の考え方と宗教の考え方とは一致しないと思うならばミステイクです。その考え方の方がおかしい。あえて「仏教」と言う必要はなく、「宗教」であって良いでしょう。僕はそう思います。今まで申したように、心の底の懺悔、そして目に見えない世界を拝むのが宗教です。精神分析は意識の底を眺める……今まで意識だけで考えていた世界が、「そうじゃないのだ。人間の意識は氷山の一角であって、その影に隠れた無意識を研究するのが精神分析である」という形。そういう形において方向性が一致しています。既に古くから大乗仏教に於いては、唯識論に於いて無意識界を「末那識《まなしき》」[注54]とより下層の「阿頼耶識《あらやしき》」の二層からなるとして論究されております。金子大榮先生の揮毫による次の御言葉は仏教と精神医療との帰一点をよく表しているものといただいております。（資料⑤参照）

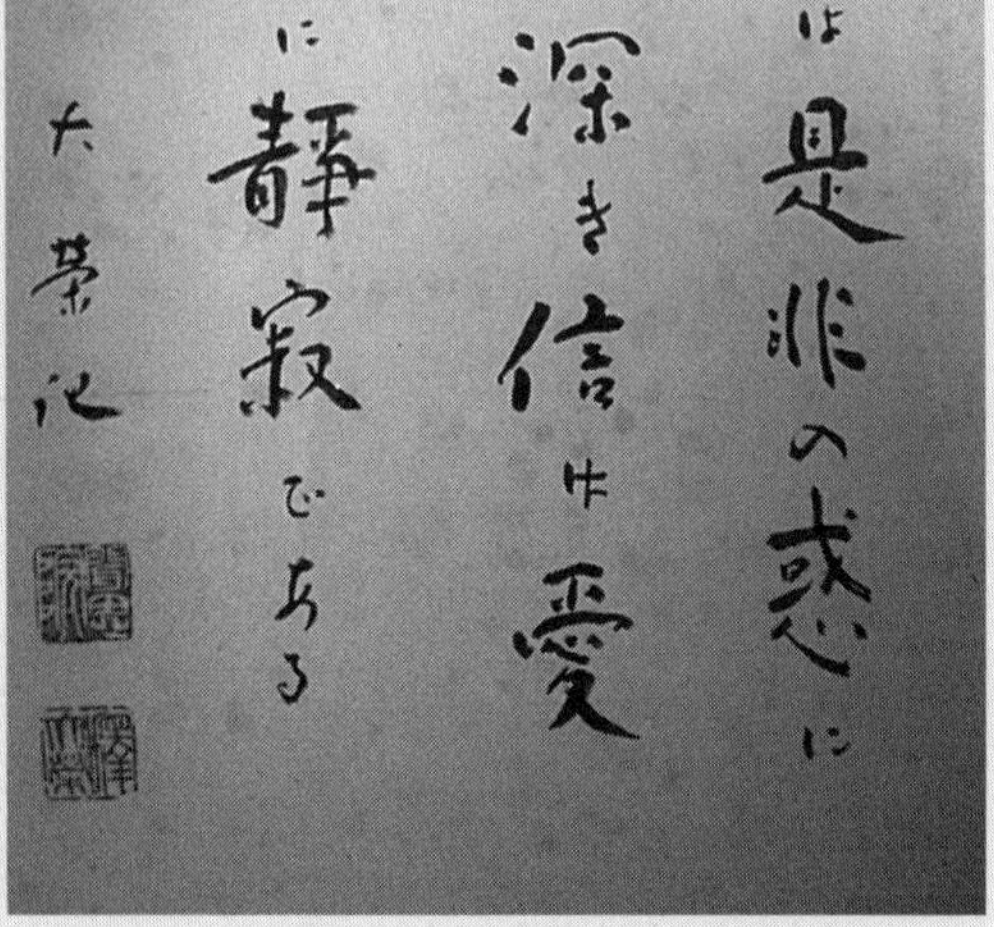


資料⑤　金子大榮先生　御揮毫

［註］「浅き心は是非の惑に
動乱し深き信は愛
憎の底に静寂である
大榮　記」

# 三——精神療法

永尾　頼雄さんについては、彼が子どもの時に会ったくらいで、あの頃は小学生でした。

生田　東大の教育学部で心理学を学んだあとは、あちこち移られていますね。以前調べたところ、日本女子大、神戸大、東京女子医大などを経て、最後は中京大学でした。発達心理学を教えていたようです。

永尾　後に東京理科大学の教授になった北見芳雄さん[注55]は仏教に関心を持って、精神分析と内観療法[注56]との関係の考察を発表していましたね。彼も数年前に亡くなりました。内観療法というものは仏教に関係の深いもので、昔は白隠禅師[注57]の内観と言われます。その頃は内観という言葉は無かったでしょうね。

CH　古澤先生は内観療法や森田療法[注58]について何か意見を言われていましたか？

永尾　特に聞いておりません。東北帝大で当時精神科教授（正式には、精神病学教室教授）だった丸井清泰先生[注59]は精神分析学の紹介をしておられましたね。

CH　森田正馬《まさたけ》先生は精神医学の学会で丸井清泰先生と大論争をしました。森田先生は、「精神分析では何も結果は出ない」と言って批判したそうです。ちょっと厳しかったようですね。

生田　森田先生の方が強かったらしくて、丸井先生は終始守る側だったようです。

永尾　森田氏が「自分の学説はコペルニクスの地動説に匹敵する画期的なものだ」と言っている肉声のテープが残っています。森田氏は東京帝大出身ですがのちに今の東京慈恵医大の教授となりました。その弟子の大原健士郎氏［注60］が浜松医大の教授をしておられた頃に、大原氏と何回かお会いしましたが、今はどうされているのでしょうか？

生田　もうお亡くなりになりました。その息子さんが浜松で、精神科で開業されています。

CH　森田療法はアメリカでも流行っていました。

生田　ドイツでも森田療法はそれなりに行われているようです。森田療法も内観療法も共に仏教を取り入れていますね。

CH　森田療法と内観療法と精神分析を受ける人は、どんな違いがあるのでしょうか？

生田　内観療法は依存症、いわゆるアデクションや非行、あるいは家族間の問題などに適応があり、刑務所などでも利用されています。薬物依存やアルコール依存にも、だからよく断酒会［注61］など、いろいろなところで用いられています。森田療法はやっぱり神経質が治療対象ですね。

CH　精神分析はどのような人たちが受けたのでしょうか？

永尾　僕が精神分析を受けた時、最後に古澤先生が「仏になった！」と言って下さって……つまり、「治った」ということなのですが、その後「いったい僕の診断名は何だったのですか？」と聞いたのです。そうしたら、先生は「あえて病名をつけるなら、ヒステリー性ノイローゼです」と言われました。もともと精神分析はヒステリー治療から始まったものですね。

生田　ヒステリー［注62］というのは非常に広義で使われるのですが、分類的に言うと永尾先生への診断は実存神経症（existential neurosis）［注63］ですね。もうちょっとレベルの高いもので、人間存在の根拠を問うというものでしょうか。

永尾　僕自身では、デペルゾナリザチオン（離人症）だと思っていました。夏目漱石［注64］もそうだったようですね。だから僕が著作などを読んで特に感動したのは漱石なのです。そういうものだと思いますね。まあ、精神科医というものは、ある程度同質のものを持っていないと人は治せないと思います。自分自身にちょっとおかしいところがないとクライエントに同感できない。だから僕自身古澤先生のテクニックで治ったというよりも、パーソナリティに感応したから治ったのだと思います。精神治療というものは、内観療法や森田療法にしても、セラピストとクライエントが心の内面的に合うものがあって治るのだと思いますね。「ラポール」[注65]と言いますね。日本語で言うと「そりが合う・相性が合う」というように。薬物といった物質的なものではなくて、純粋な意味の精神療法においてです。

CH　相性が合わない場合は他の先生を紹介しますか？

生田　……というよりも、患者が来なくなります。

永尾　そして、クライエントは「あんな先生じゃダメだ」と言って他に行きます。（笑）

CH　古澤先生の病院はいつも人気でクライエントがたくさんいたのですか？

永尾　ノーノー。数人です。せいぜい一日に一人か二人でしょう。

生田　それでは食べていけなかったんじゃないですか？

永尾　当時は終戦直後で日本人は皆飢えていた頃でした。金庫の中を見たわけではないですが、先生も多分貧乏しておられたと思います。娘さんのバイオリンを売ってくるよう頼まれたことがあるくらいです。極めて質素な暮らしをしておられ、また、極めて地味なお人柄でした。

CH　古澤先生のお兄さんは裕福だったのですよね？

生田　そうみたいですね。田園調布の家も全部お兄さんが手配したみたいですね。留学資金も全部出してくれたようです。お兄さんというのは古澤家を継いだ二男だそうです。長兄は亡くなったそうで、三兄が放蕩家でものすごくお金を使うどうしようもない人だったそうで、両親が心を痛めていたそうです。古澤先生はそのお兄さんの性格を何とか治らないか、更生できないかということを小さい頃から心に思っていたことが、心とか魂とか精神とかに目を向けた一番の理由ではないかと言われています。それと、十人同胞の九番目ということもあって乳母に預けられたそうで、実母の養育をほとんど受けていなかったために、頭の中では母という観念的なものはあったけれども、スキンシップ[注66]といった実体験がなかった。そういうものを心の中で如何にして折り合いをつけるかということも原因ではないかと言われています。だからアジャセという母子関係のことを考えるようになったのでしょう。

永尾　わかります。先ほど申しましたように、自分自身の心に悩みが無ければ人の心の悩みはわからない。そういうことでいつも頭の中がいっぱいだった。繰り返しになりますが、政治とか経済とかイデオロギーのことなどにはまったく無関心。ただ、如何にして人間のスピリットを治すか、そして如何にしてそれを人類に広めるかということを追求していたのですね。

**生田** 母親のこと、三番目のお兄さんのこと、そして在学中に眼疾のため視力を損ねたということもあって、普通の医者ができないために精神科を選ばざるを得なかったという理由もあるようです。

**CH** 永尾先生は古澤先生から精神分析をしたいと思った理由を聞かれたのでしょうか？

**永尾** いや、それは聞いたことがありません。ただね、目が悪かったこと、それと彼の名前がヘイサク（平作）……逆から読むとクサイへ（臭い屁）になる。それで子どもの頃にいじめられた経験があると話されたことがありました。劣等感の克服がバネとなったのでしょうか。

**生田** 望まれた子どもでもなかったそうですね。十人同胞の九番目ということもあったのか。ちなみに十番目の娘さんはトメというそうです。打ち止め、エンドと

いう意味で。（笑）

**永尾**　段々古澤先生のイメージが湧いてきたでしょう？

**CH**　湧いてきました。本当にありがとうございます。

**永尾**　僕はね、イギリスからハーディング先生が来てくれた。そして浜松から生田先生が来てくれたこの会合を、誰よりも喜んでいるのは古澤先生だと思います。「これを待ってたんだよ、永尾しゃーん！」と言って飛び出てくるような気がします。古澤先生は一人息子として育った僕のことを、「ワンチャイルド（one child）」とよく言いました。ワンマン坊やというような意味で、「我がままいっぱいの一人っ子として大事に育ったお坊ちゃん」と。実はその言葉をそっくりそのまま先生にお返ししたいくらいです、古澤先生も九番目でありながらもワンチャイルドだったように思います。ワンマンタイプの方だったと申せましょうか。

**CH**　セラピー中には意地悪なことはなかったですか？

**永尾**　難しいですね。今まで古澤先生のエピソードとしてサディスティック（加虐的）な面ばかりを言っているようだけれども、良い意味でのサディスティックというのもあるのではないでしょうか。仏教では教育上、躾《しつけ》などの意味で「折伏《しゃくぶく》」［注67］という言葉があります。それに僕が師事していたのが、ちょうど先生が五十代前半の頃であり、男盛りで脂ののりきった最も盛んな頃でした。仏を拝むという気持ちがあったように、マーシー（mercy）というか、芯は慈悲深い方だったと思います。時には怒りの一面がパッと出るし、また、喜びも出る。泣いているところは見たことありませんが、喜怒哀楽がストレートに出る方だったと思いますね。だから、そんなパーソナリティに惹かれた僕自身もそういうタイプだったのでしょう。それがお互いに感応し合った時に治療が成立する。仏教で言えば釈迦とイダイケ（韋提希）の感応……イダイケというのはアジャセのお母さんですが、釈迦とイダイケの心がピタッと合った時にイダイケは救われたのです。それが浄土真宗の始まりです。釈迦は魂のセラピストだったと思います。イダイケは大切に育てた自分の一人息子であるアジャセに殺されそうになって慟哭したのです。どうしてこういうことになってしまったのかと悲しみ嘆き、泣いているところに釈迦が現れました。悲しむイダイケの訴えを聞いているうちに、釈迦の額から光が出て「あなたの好きな所はどこですか、あなたはどこを選びますか？」と尋ねました。イダイケは「私は浄土を願います」と。それを聞いて釈迦は「そうか」とニッコリと笑った。セラピストの釈迦とクライエントのイダイケがそこでピタっと合ったのです。だから釈迦がニッコリ笑って「行こう」となったのです。お経ではそれを「光台現国《こうだいげんこく》」、「即便微笑《そくべんみしょう》」と表してあります。古澤先生が「あなたは今、仏になった！」と言うのと相通ずるものがあるような気がします。やっぱり自分のクライエントが治ったというのはセラピストの命ですから、古澤先生も嬉しかったのでしょう。セラピストとしてこんなに嬉しいことはない。そして、釈迦がイダイケを救ったという喜び。ここから浄土真宗、親鸞の教えが出てきたのです。ハーディング先生はその後、前の会長だった狩野力八郎先生［注68］ともお会いして古澤先生のお話を聞いたとお聞きしましたが、精神分析の学会で先生の話を聞いたという人はあっても、プライベートの付き合いで古澤先生の素顔というか、日常の在り方というものを直に話を聞くことは無かったのではないですか？

CH　無かったですね。永尾先生以外は。

永尾　普通の話はできても、なかなか古澤先生の素顔について聞けることはないでしょう。すべての雑事は何も考えず、ただ本当にヒューマンスピリットだけを尖き進んでいた方だったということはいえます。だから本を書いたりすることは少なかった。そういうことはどうでも良かったのではないかな。一遍上人［注69］という方がそういう生き方だったそうですね。

CH　西田幾多郎［注70］と鈴木大拙のお話がありましたが、それは古澤先生も読んだのですよね？　その頃は結構流行ったのですか？

永尾　当時、西田哲学というのは日本を代表する禅の思想と一致して注目されていました。

CH　大槻憲二の資料を読むと、鈴木大拙にも少し関係があったのです。古澤先生は禅宗についてどう思っていたのでしょうか？

永尾　禅宗については何もアンチではなかったです。それも仏教ということで肯定していたと思います。ある時、私が「先生は沢庵禅師［注71］の面影がします」と申しましたら「大変嬉しい。あなたは私のことを沢庵に思うと言ってくれたのは、あなたの心が沢庵になったのと一緒です」と言われたことがあります。

CH　西田の本は読んでいたのでしょうか？

生田　西田哲学は『善の研究』で有名でした。当時は、知っていることが当たり前。知らない方がおかしいくらいだったんです。

永尾　僕が古澤先生と最後にお会いしたのは、先生の古希の祝いの時でしたが、「永尾しゃんは仏教の勉強に行って良かったですね」と言われました。そして、その後に「鈴木大拙先生によろしく言って下さい」と言ったのです。だから僕が「鈴木大拙ではなくて金子大榮先生です」と言ったら、「ああ、そうでしたねえ、良かったですねえ」と言ってポロポロ涙を流して喜ばれました。その涙を僕がハンカチで拭いて差し上げました。それが古澤先生との最後の別れでした。これも先生の一つのエピソードです。先生は決してサディストではなくて、怒る時は怒る、喜ぶ時は喜ぶ、泣く時は泣くというストレートな人。そして御恩を大切にする。仏教は一切の御縁を御恩として感謝する。仏様の御恩、父母の御恩、先生の御恩……これは終生忘れることのできないもの。昔はお殿様に対する御恩に報いることがサムライ精神、武士道といわれました。

CH　古澤先生は日本人だったということですが、たとえば日本人とイギリス人はどのように違うというようなお話はあったのでしょうか？

永尾　いや、あまりイングリッシュだとかアメリカンだとかいうことについての関心はなかったですね。もうヒューマンそのものへの関心です。政策だとかイデオロギーとか経済なんていうものは一切先生の頭にはなかったです。だからイデオロギーを治すと人は治るとか、お金が儲かると治るというような問題は一切なくて、ただストレートにヒューマンスピリットそのものに直接入っていく方でした。純粋というかシンプルというか。シンプルというと単純なようですが、単純なればこそ、それは最も豊かなるものではないかと僕は思っています。

生田　ユニークネス・イズ・ユニバーサリティ（uniqueness is universality）ですね。

永尾　そうです。だから本当の意味でアイデンティティ（identity）を持っている人というのは、古澤先生のような人だといえるのではないでしょうか。アイデンティティの確立された人。いわゆるワンマン。ワンマンでも無我。我の無くなったワンマンです。

生田　ノーセルフ（no self）ということですね。

永尾　そう、ノーセルフ。ノーマイセルフ（no my self）。仏教でいう「諸法無我《しょほうむが》」。それが「私の考え」が無くなった古澤先生のアイデンティティです。ただ、ヒューマンスピリットそのものです。古澤先生は煙草を吸わなかったし、お酒も飲まなかったです。

CH　それはどうしてですか？　モラルや仏教と関係があったのでしょうか？

永尾　先生の人生観となったのでしょうね。昭和二十一年秋十月、僕が最初に古澤先生のところを訪ねた時のことです。最初に応接間に入った時に「先生、煙草を吸ってもいいですか？」と言ったのです。そしたら古澤先生が「どーぞー」と言いました。僕は煙草を吸いながら「先生は煙草を吸わないのですか？」と聞いたら、「僕は煙草は吸えます。吸えますけれども吸わないのです。酒も飲めますが飲みません」と言われました。また、これは僕の感想になってしまうのかもしれませんが、先生の「女性観」についてのエピソードがあります。ある時先生が、おつたさんという女性の治療体験談を語られたことがありました。古澤先生が「分析は密室における療法です。彼女はとても美人で、僕が××しようと思えばいつでもできます。しかし僕には妻がおります。僕は常に〝穴一つ〟をモットーにしていますから××しません」と。そして、「これは、おつたの為に僕がつくった歌です。『乳《ニュウ》嚢《ビ》庵《アン》』は僕がつけた店の名前です。是非、店に行ってやって下さい」と、「乳糜庵讃歌」という次のような歌を渡されました。この歌には古澤先生の女性観がよく表れていると思います。

「乳《ニュウ》糜《ビ》庵《アン》」讃歌　　鷹川 作（古澤先生の雅号）

一、三千年のその昔　苦行六年時を経て
捧げ持ちたる乙女子《おとめご》の　赤き心の乳のみて
釈迦牟尼佛となられけり　あゝ偉なる哉！　乳糜の力

二、その名も清し池の上（井の頭線）　平和日本建立の
眞心《こころ》に燃える人々に　泉の如く湧き出づる
乳糜の力ささげんと　現はれ出でし乙女子は
これぞ稀代の美人なる　乳糜庵主の姿なり

三、来たれ人々乳糜庵　あゝ偉なるその甘露味《かんろみ》を

満喫すれば釈尊のごと　無畏怖《むいふ》の境《きょう》に到り着き
観音の如き力得て　活力自在の人となる
来たれ人々乳糜庵　来たれ人々乳糜庵

［註］乳糜とは乳粥のことで、その供養を受け体力を回復して釈迦は悟りの境地に入り、仏となったという故事。無畏怖の境に到るとは、苦悩がとれて安らかな心の状態になること。

**永尾**　自己を捨てて他を生かす「ノーマイセルフ」です。女性は女性らしくなることによって真の女性となりうる。我を立てずに親に従い、夫に従い、子に従う……そこに女性としての徳があり、それが「母性愛」である。先生の分析技法は、「とろかし療法」と言われているとのことです。ですが僕は、「母性愛療法」と言った方がピッタリすると思います。「母乳」ということで思い出されるエピソードがあります。ある日、満員電車の中で二歳位の子どもを連れた婦人が座席に座っていましたが、そのうちに子どもがぐずって泣き始めました。すると先生は、ずかずかとその婦人の前に近寄って、「子どもがこうして泣くのにはわけがあります。母親はいつも愛情を持って、しっかりおっぱいを飲ませねばなりません。泣いてぐずるのは、それが足りないからです。子どもはぐずって駄々をこねることによって反抗しているのです。子どもはそれによって仕返しをしているのです。しかし、ここは電車の中です。叱るときには、そのことをよくわきまえたうえで、騒いだり泣いたりすることは悪いことではないが、人に迷惑をかけることは良くないということを教えねばなりません」と説教をされました。その婦人は大人しく聞いておりました。日蓮〔注72〕の辻説法というものが今でも連想されてきます。

CH　古澤先生の精神分析の仕方は、ベッドに横になって行うということでしたが、誰でもそうだったのでしょうか？

永尾　当時は通信分析〔注73〕であるとか、対面分析であるとかは、あまり言われませんでした。オーソドックスな精神分析技法としての自由連想法で、クライエントはベッドに仰臥し、セラピストはその後方の椅子に座して行われました。

生田　でも、週一回でしたよね？　だからヨーロッパの週四回からは逸脱していますね。

永尾　そういうことですね。僕の場合は週一回、土曜日でした。

CH　古澤先生にも週三四回のクライエントはいたのですか？

生田　木田恵子さんは半年間、週三回受けていました。……で、タダだったそうです。

CH　それはトレーニングとして受けていたとかですか？

生田　いや、セラピーです。木田さんはお金がなかったからタダにしてもらったそうです。そして、タダにしてもらった恩を返すために今の自分があると言っていました。

永尾　木田恵子さんは、ご健在ですか？

生田　いえ、六年前に亡くなったそうです。

永尾　もうほとんど亡くなっていますね。土居さんや小此木さんも亡くなっています。今、木田さんのセラピーの話を聞いて思い出しましたが、どうも僕もお金を払ったという記憶がありません。タダだったといえるでしょう。時々、田舎へ帰った時に芋などを土産として届けたことがありましたが、古澤先生はそれを両手で頭上に捧げるようにして、大声で「お母しゃん！　永尾しゃんが、今お芋を持ってきてくれましたー」と、奥の居間に飛び込んで持って行かれた姿が浮かんできます。

今朝はまあ
何と空気のうまきかな
春未だ浅き
雪雲の空

**永尾** 古澤先生の分析を受けるようになって五カ月程経った、昭和二十二年三月一日の朝、僕の口から自ずと出た歌です。分析の時に「今朝、この歌がポッと浮かんできて非常に気分がいい。これまで、人間はどうあるべきか、自分は一体何だ、何の為に人は生きているのかなど考えて悩んでいたが、〝何の為〟などというものはないのだ。〝ありのまま・そのもの〟なんだということがフッとわかった時にその歌が出てきたのです」と言ったら、古澤先生はパーンと手を叩いて、「あなたは今、仏になりました!」と言われました。その先生の言葉が追い打ちになって、今まであれやこれや僕を悩ませていた一切の苦しみ、コンプレックスというか、そういうものがポッと消えてしまったというのが事実ですね。それは古澤先生が精神分析のテクニックとしてではなく、心からそう思って言われたものだと思います。実はそれから十一年経って先生が脳卒中になって倒れた時に、危篤だと聞いたので静岡からお見舞いに行ったのです。面会謝絶ということでしたが一目だけでも……ということで病室に通りお会いした時、先生は待っていましたとばかりに僕に下されたのが次の歌です。

生きている
息の御徳の思え人
息こそエスの
しるしなりけり

というもので、「これを永尾しゃんにあげようと思っていました。あの時のあなたの歌と一緒の心境でしょう」と言われたのでびっくりしました。その時、「今朝はまあ……」という十一年も前の歌のこと、そして「あなたは今、仏になりましたー」という言葉を先生はテクニックではなく、率直な、ストレートな気持ちを出されたものだと解り、深く感動いたしました。

CH　なるほど、わかります。

永尾　ですから、先生によって治ったというのは、おそらく先生のパーソナリティーに打たれたと言いますか、日本語で「そりが合う」という言葉があり、仏教的に言えば「感応」。セラピストとクライアントのそりが合って、治るという現象が起こるのではないかと思います。いくら分析をしてもそりが合わないと治らないのではないかと思います。古澤先生のクライエントでもあり弟子でもあった東大のある先生は、最後は精神病院に入って亡くなりました。その先生は地方の国立大学の精神科教授になったほどの方でした。他にも同じように亡くなった先生もいると聞いています。仏教では「遠慶宿縁《おんきょうしゅくえん》」といわれ、自分が救われたのは良き師との出遇いなど、遠く深い御縁によるものであるという根本思想がありますが、精神療法においても良い先生との出遇いということが基本と申せましょう。やっぱりこのプシコ（精神）の治療というものは、治るものは治る、治らないものは治らないですね。

生田　そうですね。治る人は治る。おのずから治るということですね。治らない人は治らない。

永尾　ユング派の河合隼雄さん［注74］もそういうことを言っていました。あれは非常に面白かったですね。「皆、僕のところへ来ると、すべての自分の心の仕組みが手に取るようにすっかりわかると思って来るだろうが、そうじゃない。僕の勉強している臨床心理学は、勉強すればするほどいかに人間の心というものがわからないものであるかということが徹底的にわかるようになる。それが僕の臨床心理学です」と言っていますからね。生田先生はどうですか？

生田　いや、そうじゃないですか。わからないということがよくわかるようになります。ソクラテスと同じです。

永尾　わからないことがわかるのがアンダースタンド（understand）だと思います。わからないから無限であるともいえるでしょうね。わかればそこでストップ、有限ということになりますものね。

生田　古澤先生はよく永尾先生と仏教の話をしたようですけれども、他の先生とはしていたのですか？　永尾先生とは相性がいいから先生には話したんでしょうけれども、他の先生とはどうだったんでしょう？

永尾　どうでしょう？　武田先生なんかはこういう話を聞いたなんて言っていますか？

生田　多少、書いていますね。一遍上人の本を渡されたそうですが［注75］、ほとんど読まなかったようです。

永尾　あまり分析の仲間たちは読まなかったらしいです。だから、読まなかったというのはあまり関心が無かったのではないでしょうか。

生田　快気祝いに自宅に呼んだ門弟の皆に配ったのです。精神分析とほとんど関係がない仏教の本だったということで、ほとんど誰も読んでいないみたいです。

永尾　そうかもしれませんね。その後の精神分析の会でも仏教の話だとか宗教の話なんていうものは、むしろ精神分析とは違うという形においてタブー視されて、ほとんど話されなくなってしまったのが実際です。

生田　それを小此木先生とか土居先生とかが、古澤先生のそういう部分を意図的に隠したというか、伝えなかったというか、そういう可能性もあったように聞いています。

永尾　それもあるかもしれませんが、自分が直弟子であると自負していた小此木さんですからね。土居健郎さんもそうです。土居さんなんかは古希の祝いの時に古澤賞という賞もいただいたくらいですが、あまりそういう方たちからは古澤先生の仏教についてのエピソードを聞いたことがないですね。

生田　誰も書いてないです。

CH　私が狩野力八郎先生と会った時にそういうことを話したら、狩野先生は「やっぱり仏教のことはあまり伝えたくない」と言っています。本当の精神分析じゃないと思われるからと言っていました。

生田　そうそう。だから、欧米からみてスタンダードな精神分析からちょっと外れたことを日本でやると、向こうからみて変なものと思われてしまうんで、今でも自己規制がはたらくみたいです[注76]。それで以前に永尾先生とお会いした時にいただいた、古澤先生が書いた『精神分析学理解のために』（古澤、一九五八）という本。あの本を私が持っていることをある有名な分析家が知って、それを見せてほしいと言ってきたのでお貸ししたのです。その方は、この本を読んでとても興味深いから紹介しようということで、精神分析学会の会誌に紹介記事を書こうとしたのです。そして古澤平作はこんなに面白いことをやっていたのだという記事を書いて編集委員会に提出したら、ストップがかかったのです。何故ストップされたかというと、書かれていた内容は通信分析ですよね。手紙の行き来による分析なのです。そのような手紙による精神分析をフロイトはやっていなかった。「手紙分析はスタンダードな精神分析ではない、古澤先生がそんなことをやっていたということが公になると困る、だからその原稿はボツにしてくれ」ということで掲載を拒否されたらしいです。

永尾　しかし、『精神分析学理解のために』という本は古澤先生の唯一の成書でありますね。

生田　そうです。だからそのことも精神分析学会では誰も言いません。幻の本なのです。言おうとするとプレッシャーがかかる。

永尾　なるほど。現在の実情はそういうことですか。精神分析学会そのものが、むしろ反仏教的な方向に進んでいったような傾向がみられますね。

CH　今の古澤先生の資料が今後どうなるか、精神分析学会はちょっと心配しているのではないでしょうか？　かなり仏教関係のことが書いてあったりしますから。

生田　だと思います。この、古澤先生の日記を見る権利はハーディング先生が独占的に持っているんですか？

CH　はい、日記の原本は頼雄先生に返したのですが、全部コピーをとらせてもらってあります。そして、頼雄先生からは日記は他の人に見せないようお願いされています［注3］。

生田　それは日記だけですか？

CH　日記と手紙とノートがあります。田園調布の家にケースノートもたくさんあるのですが、それは個人的なものなので出せないと言われました。頼雄先生の希望は、そういった資料を慶応大学で集めて保護してもらいたかったそうなのですが、その準備の途中で亡くなってしまいましたから、これからどうなるかわからないです［注3］。

# 四——感応の世界——コンパッション

永尾　古澤先生は政治などにはまったく関心を持たないで、ただヒューマンスピリットのみを考え、仏教精神分析をすれば必ず人類の幸福につながるのだという信念を持っていた方です。そしてそれを何とか実現したいというパッション(passion)を持っていた方だということは言えます。それこそが古澤先生の人物像です。ただ、それがどう受け止められるかわかりませんけれども。

CH　仏教精神分析というのは仏教と精神分析の二つの学説を合わせるものではなくて、心のこと、パッションのことでしょうか？　新しい学説や、技法をつくるというものではないのでしょうか？

永尾　そのとおり、パッションだと思います。新しい学説を作るというよりも、それこそが普遍的な真実……ジェネラルではない、ユニバーサルなトゥルース（普遍的真実）。仏教精神分析こそがユニバーサル・トゥルース（universal truth）ということにおいて考えていたと思います。そして、僕は今、「その通りだ」と言いたい。ところでハーディング先生はインドにも行かれたということでしたね。

CH　はい。インドの精神分析にも興味があったのです。インドの場合は二〜三人の先生がヒンドゥー教と精神分析を合わせていました。新しい学説になるわけではなくて、同じことを違う言葉で考察しているという感じでした。また、精神分析が出てきた二千年くらい前に、インド哲学には同じようなことが書いてあったそうです。インドの方では精神分析と政治は関係がありました。その当時はイギリス帝国の時代で、イギリスの植民地だったという歴史的背景がありましたから、精神分析と政治を合わせてきたのです。日本の場合はそうじゃないみたいですね[注77]。

生田　政治運動と分析とは接点はないですよね。

永尾　政治的な問題、イデオロギーとはノータッチですね。

CH　精神医学はどうでしょうか。金子準二[注78]の名前を聞いたのですが、政府のポリシーに反対したといいます。

生田　金子準二は精神分析とは一切関係がない人ですよね。

CH　はい、普通の精神医学ですね。

生田　戦争中、松沢病院でけっこう患者さんが死んでいるんですね[注79]。原因は栄養失調で。それに対して医者は批判的に書いていますね。目の前で患者さんがどんどん飢えて死んでいくのに、国からは全然食料の援助もなかったようですから。

永尾　それは精神病棟ですか？

生田　そうです。松沢病院には公費患者と自費患者を合わせて当時千人以上の患者さんがいましたから。医師としては、ヒューマニスティックに心が痛んだでしょう。ナチとは違いますから、現場には「精神病者だから亡くなっても良い」という考えはなかったですよ。政府の方はわかりませんけれども。

永尾　当時の日本は飢えていましたから。終戦後、配給だけでは充分に食物を食べられなかった時が一時ありましたから。しかし、そういうポリシーとかイデオロギーについて古澤先生は積極的ではありませんでした。どちらかというと無関心でした。ただ人間のスピリットそのものばかり考えていたと思います。さっきも言った通り古澤先生は激情家だから、腹が立つとすぐ怒りました。三浦岱栄と喧嘩をしたのも、彼が「精神分析は人を悪くする学問だ」という考えを持っていたことを感じ取っていたのかもしれませんね。僕がいた精神分析研究会の時は、武田専さんや小此木さんなど、慶応の人はおらず、ほとんど東大系の脳研の人でした。土居健郎さん、渡辺宏さん、荻野馨さん。その他にも霜田静《せい》志《い》［注80］というニイルの研究者などがいました。僕と同級生の浅田成也君は広島大学の精神科助教授となり、市内に浅田病院を創設して現在は息子の護氏が継いでいます。

CH　古澤先生は土居さんのキリスト教のことに興味を持たなかったことがちょっとびっくりします。

永尾　キリスト教のことについての話を聞いたことがなかったですね。土居健郎さんにしても三浦岱栄さんにしてもカトリックでしたね。そういうことについては話を聞いたことがないですね。カトリックはどうとか、仏教との違いは何であるとか。

生田　小此木さんは古澤先生の仏教的なものをものすごく毛嫌いして、アジャセ・コンプレックスだけは例外として、そういうものを封印しようという動きをしたようですね。

永尾　仏教は禅宗や真宗、日蓮宗［注81］などといった宗派に分かれていますが、真宗は「自分は能力が無いから、ただ念仏をするのです」となるのですが、外からみるとそれは消極的でマイナスイメージにみえると思います。「念仏なんて凡人のすることだ。だから私は断固として禅、あるいは日蓮をします」と言うと思います。鎌倉時代に親鸞、道元〔注82〕、日蓮といった人たちが出ました。どれが良い悪いとは言えませんし、やはりパーソナリティの違いでしょうね。

**生田** ハーディング先生はなぜこういうことに興味を持ったんですか？

**CH** 僕は宗教と心理学、精神分析の関係に興味があったのです。それで若い頃に仏教の禅宗に興味があったのです。

**永尾** 禅宗に興味があったのですか？　鈴木大拙先生の本は読みましたか？

**CH** 読みました。欧米では有名です。アメリカでもいろいろ活躍されて、すごく評判がいいです。

**永尾** 鈴木先生の面白いエピソードがあるのですよ。

**CH** ぜひ教えて下さい。

**永尾** ノイローゼで非常に悩んでいた人がいたのです。そしたら、ある人が「鎌倉に行って鈴木大拙という大先生がいるから会いなさい」と言ったのです。そして、そのクライエントが鈴木先生のところに行って、「実はこういう悩みがあるのです」といろいろ訴えたところ、鈴木先生は頭を抱えて、「それは困ったこっちゃなぁ～」と聞いていたそうです。最後にクライエントが「ところで先生、じゃあ、どうしたらいいのですか?」と聞いたら、「ますます困ったこっちゃなあ〜」と言われたそうです。ところが、帰ってからそのクライエントはすっかり症状が消えてしまったとのこと。何故かというと、「僕のようなつまらない人間の悩みについて、あの世界的に有名な大先生が『困ったなぁ、困ったなぁ』と言っているのに、僕がそれをわかるわけがないということがわかった。そう思った途端に自分の悩みが消えた」とのことです。彼は鈴木大拙先生でもわからずに困ることが、自分にわかるわけがないと感じて治ったのです。先ほどの河合隼雄先生の言葉に重なるようですが、鈴木先生の「ますます困った」という言葉が結局、トゥルーアンサーだったわけです。本当の答えがそれだったわけです。仏教精神療法のサンプルみたいなお話ですね。「感応」によって治療が成立したわけです。

CH　鈴木先生は今でも日本での評判は高いですか?

生田　高いですね。でも、今はあまり読まれていないみたいですね。

永尾　禅の人にも念仏的受け止め方、また、念仏の人にも禅的受け止め方の人がありますす。念仏では金子大榮という先生が代表的碩学でした。

生田　金子大榮先生という方は、全集や選集、講話集、随想集などが何十冊も出ていて非常に有名な方です。

永尾　昭和の初め頃から、禅の鈴木大拙、念仏の金子大榮、と並び称されていました。金子先生は昭和五十一年に亡くなりました。鈴木大拙先生は金子先生よりも年齢は十歳位年長ですが、両先生ともに同じく数え年で九十六歳で亡くなっています。禅と念仏の違いは宗派による違いもありますが、その人のパーソナリティが念仏に向くか、禅に向くかの違いが大きいと申せましょう。

生田　踊る方が念仏ではないのですか？

永尾　いやいや、それは一遍上人が「踊る念仏」というのを唱えたのですが、別に踊るわけでもないです。

生田　でも、永尾先生は踊りそうですよ。禅の人はやっぱり踊らないですよ。

永尾　禅は「只管打座《しかんだざ》」、唯座れ……と言いますね。それに対して念仏は表現と申しても良いでしょう。禅と念仏の違いというものを一言でいうと、念仏は「問えば答える」。念仏は問う人には喜んで答えるが、禅は「問えど答えず」ですね。「自分で考えよ」となる。あるいは、瞑想して「困ったこっちゃ」となる。「問わぬが押しかける」のが新興宗教と言われます。

CH　念仏の人は瞑想をしないのですか？

永尾　金子先生は「聞思《もんし》」と教えてくださいました。「聞思」は阿弥陀の本願、慈悲の声を聞く。そして、それを我が身に引き当てて思い、「いただく」というあり方です（永尾、一九九八）。究極は「ありがたい」という心であり、その表現が「南無阿弥陀仏」となって表れると申せましょう。そして、その表現を大切にしているのです。介護の現場においても、挨拶や笑顔の大切さが言われております。それは表現が大切なことなのです。初めに述べた経文の言葉、「光台現国・即便微笑」（六十二頁）とは、心の表現と申せましょう。精神分析においても「挨拶を忘れた」、「笑顔が出ない」といったことを、無意識に秘める病理、コンプレックスとして重視しております。

CH　外国の学者の中では鈴木大拙のことについて、「本当の日本の禅宗じゃなくて、元々欧米向けの禅宗だから、日本での評判が高いかどうかわからない」と言われていますが。

生田　そういう感は日本にもあります。鈴木大拙は欧米のために禅を宣伝……レクチャーしたのであって、かなり日本の禅を歪めている……モディファイ（modify）していると昔から言われています。でも、鈴木大拙自身は非常にレベルの高い人なので、日本のものをダイレクトに持って行っても欧米人には理解できない。だから、欧米人に合わせるようにコミュニケーションしたのだと理解されています。そのため、日本でも鈴木大拙を批判する人はあまりいないと思います。

CH　それは良いことですね。なるほど、わかりました。

永尾　まあ、日本の誇るべき一人の仏教者ですね。アメリカでも有名なのですね。

CH　アメリカでもイギリスでも有名です。

生田　彼は英語の著作がたくさんありますからね。だから海外の人が仏教に興味があるというと鈴木大拙の本を読むしかないんですよ。

永尾　そうでしょう。アメリカに限らずヨーロッパでもね。

CH　たとえば仏教とキリスト教の関係について書いた本（Suzuki、一九五七）はかなり有名です。

永尾　鈴木大拙先生が書いたのですね？

CH　そうです。

永尾　だから欧米人にとっては仏教＝禅という観念が強いかもしれない。念仏という方はどうでしょう？

生田　念仏という概念は多分ないかもしれないですね。

永尾　欧米で言うとヘルマン・ヘッセ[注83]が、ブディズムに興味があったのですよね。彼《か》の終戦の頃、日本の若い学生が、ヘッセがノーベル賞をもらった時に、「先生の弟子になりたい、ヨーロッパへ行きたい」という手紙を出した時に、ヘッセがその若者に「あなたはヨーロッパに来て私の下で勉強したいと言っているが、日本には仏教というものがあるではないか。私の方こそ日本に行って仏教を学びたいと思っているのですよ」という返事を出したそうです。

CH　どうしてそんなにヘルマン・ヘッセは日本で人気があったのでしょうね？　日本の仏教の心とは？

永尾　それは彼が当時ノーベル文学賞をもらったからでしょう。そしてヘッセは精神分析にも興味があったのです。先ほど、恩（恩義）の話をしましたが、これはまた武士道の中心思想です。だから、自分のお殿様に対しては、「命を賭しても切腹してでも恩は返す」というもの。「ジャパニーズ・スピリット」かもしれませんね。昔の軍隊にあった特攻隊もそうです。特攻精神というのは武士道の精神を受け継いでいたのでしょう。桜の花のように潔くパッと散る。サムライもそう。そしてそのサムライの精神にピタッとキャラクターが合うのが禅です。念仏に比べて禅の方がいくらか気位が高いようです。概して禅は武士の宗教、サムライの宗教ということです。それは特攻精神ともいえ、桜の花が散るように潔い。それを散華《さんげ》ともいいます。懺悔ではなく散華です。禅は潔さがあり、別の言葉で言うと「覚悟」といいます。「腹を決めた！」とか、「よし、やってやる！」と、そういうタイプ。ですから男性的ともいえるようですね。それに対して、念仏の方はそれを批判しない。アンチではありません。禅に向けて「あなた方のように覚悟のできる偉い人はそれをおやりください。私たちのような能のない凡人は、ただ念仏をして救われるより他ありません」というように、念仏者の方は争わない、戦わないわけです。女性的でもあるし、大衆的・庶民的でもありましょう。禅の方は、いくらかアップスタンド的な気位があるものだから、「念仏なんて女々《めめ》しい。念仏なんて愚か者の宗教だ」となる。それに対し、念仏者は逆らわない……パッシブです。「悟る方々は結構な方々です。でも、私たちは愚かな凡夫です。だから念仏申すよりほかに救われる道がないのです」と。しかし、パッシブなればこそ、パッションの道もひらけ、パッションあってアクションも意味を持つといえるのではないでしょうか。先頃の生田先生のパッションについての論文[注20]は、感銘深く拝読いたしました。「パッションの道」それこそは『歎異抄』における「往生浄土の道」に通じ、「親鸞の心」でもあるといただいております。

# 五——大自然の道理——アンダースタンド

永尾　そこに念仏の心があるわけです。念仏の心はアンダースタンドです。どこまでもアンダースタンドなのです。すべての下に自分を置くのです。それを悪人と言います。欲が多く、悩みも多い。本能、欲望……トリープ（Trieb）と言いますね。その欲望によって動かされている私。外に向かって、或は客観的に「人間というものは悪人ですよ」と言うのではなくて、内、自分に省みて「私が悪人です。善いことをしようと思っても何も能がない。何もできないから、ただ念仏するより他に救われる道がないのです」という気持ち、そこから出てくるのが念仏なのです。そのことは先ほど申しました「アジャセ・コンプレックス」からの解放とも重なると思います。

CH　今でも日本の禅宗の人たちは禅宗の方が偉いと思っていますか？

永尾　本当の禅の極致に達した人、悟った人は、そんなことは思っていないでしょうね。そして禅と念仏の違いを言えば、禅は「悟る」、念仏は「救われる」ですね。そこに「自力と他力」の違いということが言われます。念仏は如来に救われる、仏に救われる、阿弥陀に救われる……阿弥陀は、アミターユス〈無限の寿命をもつもの、無量寿〉とアミターバ〈無限の光明をもつもの、無量光〉に由来する音写語です。だから阿弥陀の意味は、限りのない寿命と光明をもつものを意味しています。それを念仏では普遍なるもの……、ユニバーサルと表します。

CH　永尾先生は念仏に関しては古澤先生に会ってから興味を持たれたのでしょうか？

永尾　古澤先生はブディズム（Buddhism、仏教）の心、「親鸞の心がないと精神分析は完成しない」というようなことをおっしゃっていましたから。その古澤先生の言葉が、僕が仏教に興味を持つ入口でした。若い頃、僕はこの古澤先生の言葉によって、古澤先生の本当の心、親鸞の心とは何であるかを探すために金子大榮先生のもとを訪れ、念仏の心を学ぶようになったのです。

CH　なるほど。

永尾　解っていただけたでしょうか？

生田　今日は来て本当に良かったです。

永尾　いやいや、来ていただいて良かった。人間というのは年をとっても昔の感動というのは忘れないものですね。昨日何を食べたかと聞かれても忘れちゃうのですけどね。

CH　今日はいろいろ思い出されたのですか？

永尾　思い出しました。思い出すことのできるご縁をいただけたのはハーディング先生と生田先生お二人のおかげですよ。ですから、今日の一日というのは、我が最良の日ですよ。その瞬間、今現在を有り難いという気持ちで受け止めていける教え……それが私のいただけた念仏の教えです。有り難いという心は、欧米流のアイ・サンク・ユー（I thank you）とは違います。アイも無ければユーも無い。ただ、「サンク」なのです。「サンク」の中にあなたもいて、私もいる。そういう世界が「浄土」[注84]というのです。今日お話ができたのも「サンクの場」をいただけたからできたとしか言いようがありません。

CH　なるほど、素晴らしいです。

生田　ハーディング先生の宗教はプロテスタントですか？

CH　元々カトリックでしたが、今は教会に行っていません。ですので、今探しているところですが、禅宗の瞑想に興味を持っています。瞑想を宗教と言うと変ですけれども、キリスト教でも禅宗みたいな感じで瞑想をする人たちもいるのです。

永尾　ハーディング先生が仏教と精神分析のつながりに興味を持ったというのは、やっぱりキャラクターですね。キャラクターの合致と言いますか、同じ道を求めているのでしょう。そういうふうになっているのではないかな？　それを仏教では「自然《じねん》の道理《ことわり》」と言います。自然《しぜん》はネイチャーですけれども、山とか海、川といった目に見える自然の更にその奥にあるもの。「すべてのものを、そう在らしめている道理」というか、自からそうなっている大自然と言ったらいいでしょうか、日本語で言うと普遍的と言います。ユニバーサルです。ジェネラルではなくノット・ジェネラル。ジェネラルというのは、「アイ・シンク（I think）」の方です。つまり精神分析的に言うと意識面の方です。デカルトの「アイ・シンク」、「我思う故に我あり」……コギト・エルゴ・スム（cogito ergo sum）です。それは、「アイ・シンク」の形であって、私が金子先生からいただいた仏教の心というのは、何度も言うように「アンダースタンド」です。もう徹底的に「アンダースタンド」になって、アイが無くなる。アイが無ければユーも無い。ということは私も無いし相手も無い、対立者も敵も無くなっちゃうわけです。アイとユーは相対性二元論……相対になるわけです。その相対が無くなってしまう世界です。アイもユーも無い、ただのサンク。サンク・イズ・ユニバーサルになってしまう。だからそこに平和の場が出現することになります。

CH　それは禅宗の悟りとは関係があるのですか？　ちょっと違うのですか？
永尾　念仏だけでなく、禅であろうとキリスト教であろうと、そこに行くのが僕は当然だと思いますね。ノー差別です。まったく差別が無い。ということは敵も無い。敵が無いというのは本当のユニバーサルであり、本当のスピリチュアリズム（spiritualism）ではないでしょうか？　宗教というものは当然そこに行くべきだと思います。イングリッシュも無ければジャパニーズも無い、本当のヒューマンスピリットに合致していくのではないでしょうか。
CH　うちの学生たちも古澤先生のことを研究しています。
永尾　古澤先生が「永尾しゃーん、ありがとう。今日は良かったねえ」と飛び出して来るような感じがします。
CH　私もそんなイメージがしました。有難うございました。
永尾　古澤先生という方は一口に言うと素朴で率直でありのままな方、思ったままといったら良いでしょうか。人前だろうが何だろうが思ったことをそのまま言う。ですから、今までも話したように、腹がたつと怒ったり誰とでも喧嘩をしたり、いろいろなエピソードがあったようです。だから東北帝国大学の医局では「ドン・キホーテ」［注85］というニックネームがつけられていたそうです。

CH　僕も知っています。猪突猛進でしょう？

永尾　自分の損得を何も考えず、自分の信じたことをがむしゃらに一途に突き進む（笑）。日本では小泉首相、あの人が奇人と言われて、まあしかし、相対性理論のアインシュタインもそうだったようですね。仏教でも禅の名僧といわれた一休さん［注86］や白隠さんなども奇矯な言動やエピソードがいろいろと伝えられていますね。いわば変わり者といった一面でしょうか。

CH　変わり者ね（笑）。

永尾　それに、精神科の医者ってものは確かに普通の人とはどこか変わり者かもしれませんね（笑）。変わったものを知らないと変わったものを了解することも治すこともできないでしょう。精神分析は人間の心の無意識、つまり見えない方の影の研究が主です。先ほど申しましたように、人生とは「往生浄土への道」の過程であり、必ず「老病死」に向かっての道を歩いているわけです。老病死は負の方向であり、いわば人生の影を理解するのが仏教でしょう。ですから、そういう意味で方向が一致しているといえます。しかしながら僕の感じでは、今までの精神分析は「アイ・シンク」の方だと思います。分析という言葉自体、シンクを意味するわけですから。それに対して仏教、特に親鸞の思想は「アンダースタンド」であると申せましょう。「アンダースタンド」の究極は「おかげさま」です。「おかげさま」は徹底した「アンダースタンド」だと申せましょう。つまり、「一切了解」となります。「アイ・シンク」の方は相対的思考となり、「わかるもの」と「わからぬもの」という分別が生じ、最初に申しましたように「わからぬもの」は「不可解」ということになります。仏教でも禅の「悟」というのは自力と言われているように、どうも少し「アイ・シンク」の形態が感じられます。念仏の「救われる」という立場は「アンダースタンド」の立場で、言うなれば下に立つ、つまり「拝む」という立場ですから、結局はそこに一切のものを有り難いと感ずる場が出現することになります。それが「浄土」です。その「浄土」を信ずるのが念仏の教えで、それを光として感じ、阿弥陀仏のことを「尽十方《じんじっぽう》無《む》碍《げ》光如来《こうにょらい》」とも申しております。初めに戻りますが、古澤先生の仰られた「親鸞の心」とは、結局は「阿弥陀仏を拝む心」に落ち着く。拝む心とは、いただく心に表れる敬虔《けいけん》感情と申せましょう。

CH

永尾

お別れしたくない。でも今「さようなら」と言わざるを得ない。

「名残つきない」という言葉があります。それは、「懐かしいという感情」の表現であります。「有り難うの心」でもあります。仏教は結局、すべて「サンク」になるわけです。仏教は一元論でも二元論でもない。「万象《ばんしょう》の実相《じっそう》」は、つまり「如《にょ》」ということですね。「有り難うの心」は、アイもなければユーもない。「あるものは唯《ただ》サンクだけ」ということになる。つまり、我も無く相手も無くなって唯サンクだけの世界が浄土といえる。「どうしてそれが出現するか」ということになると、私が無くなって、そこに「如」の世界が出現するからと申せましょう。仏法では「諸法無我《しょほうむが》」といっております。「浄土が出現し、如来が出現したら、そこにアンダースタンドの世界が出現し、唯サンクの世界のみが出現する」と申しました。「それは何故か」ということになりますと、「イット・イズ・ソウ（it is so）」すなわち、「そうなっているから」ということです。仏教ではそれを「一如実相《いちにょじっそう》」と表現しております。つまり、「〝そうなっているもの〟に、手を合わせるより他にない」というのが念仏の教えであり、そこに「万象の実相」がみられることになります。「一如実相」は、そのまま「大自然の道理」であります。歎異抄でいう「ただ念仏のみぞまことにておはします」という言葉です（二十七頁）。「すべてはそうなっている。それが一番良いことであった」という領解《りょうげ》ができてこそ、喜び、安らぎ、幸せの世界が出現する。そこに、一切に向かって有り難いと感謝する世界「サンク」の世界が自ら生まれてくると申せましょう。

CH　どうも有り難うございました。

永尾　こちらこそ、どうも有り難うございました。

# あとがき

私が古澤先生に師事したのは終戦の翌年、昭和二十一年秋から昭和二十七年春までの約五年間、先生の五十代前半の頃で、体力、気力、経験すべてが充実した時期でした。今回私の語る古澤先生像からは、先生の激しい感情面と鋭い直感による判断が際立って感じられるかもしれませんが、先生の晩年は正に生き仏様といった円やかな様相で治療に当たっておられたと聞いております。それは先生の生来の念願である「親鸞の心」が、そのまま「母性愛」といった「柔軟心」となって表れたものと思われます。その心が患者の悩み・苦しみ・悲しみを融かして浄化（カタルシス）・昇華（リブリメーション）して症状が消えてゆくのでありましょう。

私の仏教の恩師である金子大榮先生は、「念仏は普遍の法と特殊の機の呼応である」

と、教えて下さいました。普遍の法は如来大悲の心であり、特殊の機は私たち一人一人の心、悲しみの心であります。呼応とは相応、対応、感応のことであります。即ち、如来の心と私たち一人一人の心がお互いにぴったり感応し合うことによって、病状や苦悩が解けてゆくということと申せましょう。「讃《さん》阿《あ》弥《み》陀《だ》仏《ぶつ》偈《げ》和《わ》讃《さん》」（親鸞作）の中に、

光雲無《こううんむ》碍《げ》如虚《にょこ》空《くう》　一切《いっさい》の有碍《うげ》にさはりなし
光澤《こうたく》かぶらぬものぞなき　難思議《なんしぎ》を帰命《きみょう》せよ
清浄光明《しょうじょうこうみょう》ならびなし　遇斯光《ぐしこう》のゆゑなれば
一切《いっさい》の業繋《ごうけ》ものぞこりぬ　畢竟依《ひっきょうえ》を帰命《きみょう》せよ

とあります。すべてのストレスは消え、すべてのコンプレックスはなくなるということです。

古澤先生の卓越した直感によって一貫して説かれた仏教精神分析の理念とその技法の一端が、私にもようやく垣間見えてきたような気が致します。ここに、古澤先生の

「感応療法」の精神が顕現しているということであります。

この書を謹んで恩師古澤先生の御霊前に捧げ、心から御礼申し上げたいと存じます。

平成二十六年九月二十三日

秋彼岸中日拝記　永尾雄一郎

## [注]

生田　孝



1——本書の中心テーマである古澤平作（一八九七–一九六八）は、日本から初めてウィーンのフロイト（Sigmund Freud, 1856-1939［注13］）に学んだ精神科医・精神分析家である。東北帝国大学を卒業後、同精神病学教室の丸井清泰教授［注59］に師事して精神分析学を学び、一九三二年に一年弱フロイトの下に行き、帰国後は大学を辞して、東京で精神分析学診療所を設立して開業し、終生にわたって臨床実践と訓練（教育）分析による弟子の育成にいそしんだ。日本の精神分析創成期の臨床家として、日本精神分析学会を創設（一九五五）して初代会長となりその発展に尽くし、日本の精神分析を代表する小此木啓吾［注46］や土居健郎［注44］、西園昌久など次世代の有力な分析家を輩出したことで、さらには本書でも取り上げられるアジャセ（阿闍世）・コンプレックス［注37］の提唱者としても知られている。永尾は、医学生の時代から古澤に師事した初期の弟子の一人で、精神分析を学んだのちに、後述する金子大榮［注12］に師事して仏教に転じた。永尾は、古澤の弟子として日本の精神分析をリードした小此木や土居、西園よりも、古澤に先に師事しており、いわば彼らの兄弟子にあたる。本書は、永尾が古澤に師事していた頃の思い出話からなっているが、従来余り知られていなかった古澤の側面が浮かび上がり、精神医学史的にも興味深い聞き取りとなっている。

2——古澤頼雄（一九三一–二〇一二）は、古澤平作の三人の子ども（女、男、女）の長男。東京大学教育学部卒、教育学博士(東京大学)、専門は発達心理学。東京大学学生相談所を振り出しに、日本女子大学、神戸大学、群馬大学、東京女子医科大学、中京大学の順で教鞭をとった。

3――古澤平作の日記は、従来その存在を公には知られていなかったが、長男頼雄が保管していた。しかし、ハーディング(CH)の熱心なアプローチによりCHにのみ限定的に利用が許されて、その研究の成果はCHにより発表されつつある[注77]。しかし、頼雄の死去により、古澤平作の日記も含めた資料は、日本精神分析協会が引き継ぎ、現在そのアーカイブ化が進められている。

4――二〇一一年十月に開催された第十五回精神医学史学会(長久手、愛知県立大学)で、CHは「Asian and European Religious Culture in the Making of Japanese Psychoanalysis : Findings from Heisaku Kosawa's Personal Papers」を発表した。それを聞いた生田が、CHに声をかけて古澤平作の初期の弟子の一人である永尾の存在を伝えたことが、今回の鼎談へと繋がった。

5――日本精神分析学会設立に尽力していた永尾が一九五五年十月二十三日の設立総会に当然出席する、と思っていた古澤は、当日に彼の出席がないことに驚きまたいぶかしみ、総会の後に永尾にしたためた手紙である。

6――「古澤先生古希祝賀会」(於:ホテル高輪)は、一九六七年十一月十二日に門下生ら三十人余が参集して開催された。この場で、古澤は自ら古澤賞を土居健郎[注44]に手渡した。永尾は当日参集した門下生の中でも古参の弟子であったために、周囲から勧められてしかたなく最前列に座ったという。

7――精神分析研究会は、古澤の下に集まった精神分析の研究会である。一九四九年六月に「脳科学懇話会」として発足し、原則として毎月例会を持った。当初は東京大学医学部脳研究室内に事務所を置いたが、当時の精神科教授内村祐之の了解があった。同研究室は、精神科教授三宅鉱一が退官後に設立した研究室であった。三宅の後を襲って次の教授となったのが内村である。脳研究室に精神分析研究会事務局が当初置かれたのは、東北帝大丸井教授の門下で精神分析を実践してきた懸田克躬（一九〇六–一九九六）が、東大講師であった関係もあるであろう。同年四回目の会合から名称が「精神分析研究会」に変った。当初は、渡辺宏が幹事を務めたが一九五一年に広島医大に転じた後は、北見芳雄[注55]がそれを引き継いだ。一九五一年の会員名簿によれば、九十一名の会員がおり、名誉会員として当時弘前大学学長となっていた丸井[注59]と上記内村の名がある。同会は、一九五二年から「精神分析研究会々報」を発行していたが、学会への組織化を目指して一九五四年一月より会報を会誌「精神分析研究」として刊行開始。同研究会は、一九五五年に日本精神分析学会へと発展的に解消し、会誌も学会誌へとそのまま引き継がれて現在に至っている。ちなみに内村は内村鑑三の息子である。

8——親鸞（一一七三–一二六三）は、浄土真宗の宗祖とされる。鎌倉時代前半から中期を生きた日本の僧。浄土宗の開祖・法然（一一三三–一二一二）を師と仰ぎ、阿弥陀仏を信じて「南無阿弥陀仏」と念仏を唱えれば、死後には平等に浄土に往生できると説く法然の教えを受け継ぎ、その布教活動に一生を捧げた。その中で独自の境地を切り拓き、その教えは『教行信証《きょうぎょうしんしょう》』として滅後にまとめられて、独立した宗旨を持った宗派として認められるようになった。

9——般若心経とは、大乗仏教の空思想を説いた般若経の一つとされる経典。正式名称は、般若波《はんにゃは》羅蜜多心経《らみたしんぎょう》といい、般若は智恵を、波羅蜜多は達成を意味する。わずか三〇〇字足らずの本文に大乗仏典の心髄が説かれているとされ、多くの宗派における読経の経典として広く用いられてきた。

10——維摩経《ゆいまきょう》は、初期大乗仏教の経典の代表作の一つであり、全編が戯曲的な構成となっている。そこでは、維摩という名の在家信徒が、旧来の仏教思想を批判しつつ大乗仏教の中核にある空思想を仏陀の十大弟子を論破しながら説いてゆく躍動的な内容となっており、読み物としても興味深い。ちなみに永尾は、この維摩経について論じた金子大榮の『弟子の智恵』(金子、一九四七)との出会いを契機に、精神分析から仏教への道を歩むことになった。

11——真宗は、浄土真宗のことである。かつては一向宗、門徒宗とも通称された。その宗旨に属するたくさんの宗派があり、宗教法人法の規則によりそれらの多くは「真宗○○派」と届け出ているが、法律が関与しない宗旨名は浄土真宗である。ちなみに、通称「西本願寺」の宗派名は浄土真宗本願寺派、「東本願寺」のそれは真宗大谷派である。

12——金子大榮(一八八一–一九七六)は、明治から昭和にかけて活躍した真宗大谷派の著名な僧侶で、仏教思想家。前近代における仏教、特に浄土真宗の伝統的な教学・信仰を、広範な学識と深い自己洞察にもとづく信仰によって受け止め直して、時代に即した説教を通して近代思想界や信仰界に多大な影響を及ぼした。金子大栄校注『歎異抄』(金子、一九三一)のほかに、著作集として『選集』、『講話集』、『随想集』、『著作集』が編まれており、計五十四巻にも及ぶ。永尾は、晩年の金子に師事することになった。

13——フロイト(Sigmund Freud, 1856–1939)は、精神分析の創始者として有名。チェコのモラビア地方の小都市フライベルクに生まれた。ウィーン大学医学部を卒業後、神経組織学、神経病理学の研究で成果を上げたが、さらにフランスのシャルコーのもとで臨床神経学を学び、帰国後、神経科医として開業した。やがてブロイアーとともにヒステリー研究にとりくみ、いろいろな治療技法を試みる中で自由連想法を用いて、精神分析療法の確立へと進み、無意識をめぐる精神分析理論を発展させて後代に大きな影響を及ぼした。初期の共同研究者や弟子に、グロデック、ユング、アドラー、ゾンディなどがいるが、多くが袂を分かち別に一家をなした。古澤は、一九三二年に一年弱、ウィーンで晩年のフロイトの下に学んだ。

14——ドイツ語で意識（Bewußtsein）および無意識（Unbewußte）のこと。

15——大乗唯識論とは、人間にとってあらゆる諸存在が、唯《ただ》八種類の識によって成り立っているとする大乗仏教の認識論である。それによれば人間の心は、八つの階層構造をなし上から眼・耳・鼻・舌・身からなる五識と第六識の意識、その基底にさらに二つの識を措定し（いわゆる無意識に対応）、第七識を末那識《まなしき》、第八識を阿頼耶識《あらやしき》とする。

16——阿頼耶識とは、サンスクリット語を音写した仏教用語である。前記の唯識論によって立てられた心の階層の最深層部分の名称で、大乗仏教を支える根本思想の一つであり、人間存在の根本にある識と考えられている。

17——ユング（Carl Gustav Jung, 1875–1961）は、スイスの精神科医で分析心理学の創始者。スイスのバーゼル大学医学部を卒業後、ブルクヘルツリのブロイラーの下で精神医学を学ぶ。言語連想検査によって抑圧されたコンプレックス［注36］の存在を発見したことをきっかけに、フロイトに近づきフロイトの「皇太子」として精神分析の発展に協力するが、のちに決裂して袂を分かった。独自の思索を深め、無意識を個人的無意識と普遍的無意識と分け、そこに影、アニマ、自己などのような無意識的イメージの存在を見出しその重要性を指摘した。また、性格を内向と外向に分類したり、東洋におけるマンダラ（曼荼羅）の意味を研究するなど、非常に多方面にわたる研究をおこない、心理学のみならず人類学や民俗学、宗教学などにも影響を及ぼした。

18——曼荼羅とは、仏の悟りの境地や世界観を視覚的・象徴的に造形表現したもので、図示されたものが多いが、色砂で作られるチベットの砂曼荼羅も有名。古代インドに起源をもち、仏や菩薩、シンボル、文字などを一定の方式で配置構成することで宇宙の真理を表したものとされる。

19——禅宗は、ただ禅ともいう。禅は、自己の仏性を内観することを目的とする大乗仏教の一派で、特に座禅を重んじることにその特徴がある。南インド出身の達磨《だるま》（三七八？–五二八？）が南北朝時代の中国に伝えたので、達磨を宗祖とする。鎌倉時代に伝えられて日本にも禅宗が興った。多くの流派があるが、曹洞宗と臨済宗が大きい。曹洞宗は、道元（一二〇〇–一二五三、[注82]）によって中国から伝えられた。臨済宗も栄西（一一四一–一二一五）によって中国から伝えられた。江戸時代には白隠[注57]がいる。

20——パトスについては、生田（二〇一一）の「パッションについて」（二八八–二九三頁）を参照。

21——自由連想法とは、フロイトによって確立された精神分析療法の根幹をなす手法である。本来は、被分析者（患者）と分析者（治療者）が治療契約をしたあとに、被分析者が寝椅子（couch）に仰臥し、分析者はその背後に位置して、「何でも頭に思い浮かんでくることをそのまま話してください」と自由に連想を続けることで、抑圧されていたものを見出す技法。これを原則としては、毎週四〜五回（一回一時間）を長期間にわたり繰り返すことで、精神内界を探る。これをそのままの形で日本で実施することは、時間的金銭的制約や文化的違いから、かなり困難なことであり、古澤は永尾にも週一回のいわゆる簡易分析という便法によっておこなった。しかし、これが以後の日本の「標準的」な精神分析のやり方となった。

22——デペルゾナリザチオンとは、離人症のドイツ語Depersonalizationのことである。離人症とは実感（現実感）が失われることを言い、それが自我意識、外界意識、身体意識のどれか一つか幾つかあるいはすべての領域に生じることを言う。客観的認知はできるが、当事者はそれまでそれに伴っていた生きいきとした実在感・情感を感じ取れなくなり苦悩する。神経症、統合失調症、うつ病、強度の疲労時などで生じることがあり、疾患特異性はない。

23——永尾は、NHKのラジオとテレビに以下のように何回か出演している。
- 永尾雄二郎「聞思の心と医療」NHK教育テレビ、一九九四年五月二十二日放映。
- 永尾雄二郎、金光寿郎（聞き手）「佛道の師を語る」NHKラジオ「宗教の時間」二〇〇一年四月二十二日放送。
- 永尾雄二郎「人生の道標——普遍の法と特殊の機」NHK教育テレビ「こころの時代」二〇〇四年一月十一日放映。
- 永尾雄二郎「人生の座標」NHK教育テレビ、二〇〇四年七月二十五日放映。
- 永尾雄二郎「教育福祉のあり方」NHK教育テレビ、二〇〇六年十一月十三日放映。
- 永尾雄二郎「普遍の法をどう聞くか」NHK教育テレビ、二〇一三年五月十五日放映。

24——武田専《まこと》（一九二三—二〇一三）は、精神科医、精神分析家。慶応義塾大学医学部を卒業し精神科に入局。当時まだ慶応の医学生で古澤のもとに出入りしていた小此木[注46]に誘われて、古澤の教育分析を受ける。その経緯は、彼の著書『精神分析と仏教』（武田、一九九〇）に書かれている。武田は、現在の境界性人格障害（当時の「境界線例」）の研究で学位を取り、その分野における日本の開拓者として知られている。みずから創設した武田病院院長を長く務めた。古澤の弟子として小此木や武田らは、永尾の後輩になる。

25——池見酉次郎（一九一五―一九九九）は、日本における心療内科（心身医学）を築いた草分け的な存在。一九六〇年に創立された日本心身医学会の初代理事長となり、翌一九六一年に日本で初めて九州大学に創設された精神身体医学研究施設（現・心療内科）の初代教授に就任し、日本の心身医学の礎をつくりその研究と普及に貢献した。本文にあるように、一九五九年から古澤のもとで教育分析に通っていた。

26——瀬戸内寂聴（旧名、晴美）は、一九二二年生まれの小説家。波瀾万丈の人生を歩んできたが、その人生の悩みから、当時最晩年の古澤に精神分析を受けた。それについては、彼女の随筆『五十からでも遅くない』（瀬戸内、二〇〇五）の中で触れられている。ここで古澤は、瀬戸内により「八十歳くらいだった老博士」と描かれているが、当時は六十代後半に過ぎなかった。また小説『私小説』（瀬戸内、一九八五）は、その時の体験にもとづいて書かれている。二〇〇六年、文化勲章を受章。この本書の鼎談の後、ハーディングは二〇一二年に瀬戸内を訪ねてインタビューをおこなっている（Harding, 2012）。

27——歎異抄とは、鎌倉時代後期に親鸞に師事した唯円《ゆいえん》（生没年不明）によって書かれた（異説あり）とされる仏教書。その内容は、親鸞滅後に浄土真宗教団内で湧き上がった異説を嘆いた内容（書名は、異を歎じた書に由来）からなり、浄土真宗の精髄が示されているとされる。

28——蓮如（一四一五―一四九九）は、室町時代の浄土真宗の僧。本願寺中興の祖と言われ、本願寺第八世で、蓮如上人と尊称されている。

29——近角常観（一八七〇―一九四一）は、明治から昭和期に活動した真宗大谷派僧侶で宗教運動家。東京本郷にある求道学舎（寄宿舎）と求道会館（説教所）を設立し、そこで『歎異抄』を原点に据えて親鸞の精神を伝え当時の学生や知識人に多大な影響を与えた。現在の滋賀県長浜市にある真宗大谷派西源寺の長男として生まれる。同派僧侶で宗教哲学者の清沢満之《まんし》に出会い大きな影響を受けた。第一高等学校、東京帝大哲学科を出たあと、生涯にわたって深い仏教理解にもとづき旧来の仏教を近代社会にふさわしい信仰形態へと展開させることを追求し、その実践を通して当時の知的青年層に多大な影響を及ぼし、近代仏教の確立に大きく貢献した。本書の主題である古澤や、哲学者の三木清、谷川徹三、武内義範、文学者の伊藤左千夫や宮沢賢治一族などのちに頭角をあらわすことになる多くの人々が常観と深い関わりを持っていた（岩田、二〇一四）。

30―教行信証（親鸞、一二二四）とは、親鸞の著作で滅後に集成された『顕浄土真実教行証文類』の略称、浄土真宗の根本聖典である。

31―鈴木大拙（一八七〇―一九六六）は、明治から昭和にかけて活躍した金沢出身の著名な仏教学者。仏教とりわけ禅についての深い理解にもとづいて、その見解を英語で多数著し、日本の仏教・禅文化を広く海外に知らしめた功績は大きく、近代日本における第一級の国際人。また哲学者・西田幾多郎（一八七〇―一九四五）とは同郷の友人であった。著作はきわめて多数に及び、全集（鈴木、一九九九―二〇〇三）もある。

32―求道会館とは、近角常観［注29］が欧州留学の体験を踏まえて自らの信仰体験を語り継ぐ場所として、各方面から浄財を募り東京の本郷に一九一五年に設立した説教所。古澤も何回か通い、永尾も古澤に伴われて訪れたことがある。ヨーロッパの教会堂建築と寺社建築の空間構成が融合した独自の宗教空間を作り出しており、現在、東京都有形文化財に指定されている。

33―近角常音（一八八二―一九五三）は、常観の十三歳年下の異母弟。終生にわたり常観の教えに従い、常観亡きあと求道会館の運営に当ったが一九五三年に亡くなり、その会館の活動も止まることになった。

34――「フロイトの日記」(Freud, 1992, p.121)参照。『続精神分析入門』の「あとがき」(古澤、一九五三、二九九頁)によると、「わたし(古澤)は一九三二年七月に先生(Freud)にたいして『阿闍世コンプレックス』の論文を提出しました」とあるので、古澤がフロイトと初めて会った約五カ月後になる。この間に、原論文(古澤、一九三一)をドイツ語に翻訳していたのであろう(生田、二〇一五)。

35――アジャセ論文とは、古澤が提唱したアジャセ・コンプレックスについて論文(古澤、一九三一)のこと。彼は、東北帝国大学医学部艮陵会機関誌「艮陵」に論文「精神分析学上より見たる宗教」を発表した。ここでは、エディプス・コンプレックスが拠ったギリシア神話とは対照的に仏教説話にあるアジャセの物語に言及して、宗教と精神分析の関係を論じた。これをフロイトに読んでもらうために、ドイツ語論文「Zwei Arten vom Schuldbewusstsein-Oedipus und Azase」(罪悪意識の二種――エディプスとアジャセ)を作成している途中で古澤はアジャセ・コンプレックス(阿闍世錯綜)を概念化するにいたった。これをフロイトは評価しなかったとされる(生田、二〇一五)。

36――コンプレックスとは、観念複合(体)と訳されている。強い感情を伴った意識から抑圧された観念群で、無意識の中から本人の思考や態度、行動にはたらきかけるが、一切自覚されない。幼児期からの対人関係の中で形成され、抑圧されて無意識化されているので、本人の自覚はないため自我の統制には従わず、情動的な自律性を持つ。古澤の提唱した、以下のアジャセ・コンプレックスもその一つである。なお、俗に劣等コンプレックス(≠劣等感)のことを、「コンプレックス」と言うことがあるが、それは多くのコンプレックスの中の一つに過ぎない。

37——古澤は、エディプス・コンプレックスが、父への敵意（殺意）のために処罰される恐怖を内在化した処罰恐れ型罪悪感に由来することと対比して、母への敵意を抱きながらも母の愛情によってとろかされて生じるとする許され型罪悪感、つまり懺悔心に由来するコンプレックスがあることを主張しこれをアジャセ・コンプレックスと命名した。両者を、対比的に示すと以下の表になる。

| エディプス・コンプレックス（フロイト） | アジャセ・コンプレックス（古澤） |
|---|---|
| 「父殺し」がテーマ | 「母殺し」がテーマ |
| 母親に対する性的欲望 | 理想的母との一体感 |
| 父からの処罰の恐怖、死後の従順 | とろかされて怨みを越えた母子の許し合い |
| 「母を愛するが故に父を殺害せんとする欲望傾向」 | 「母を愛するが故に母を殺害せんとする欲望傾向」 |
| 罪悪感（Schuldgefühl） | 懺悔心（Lastgefühl） |
| 処罰恐れ型罪悪感 | 許され型罪悪感 |

古澤が示したアジャセ説話は、仏典に即していない部分があることが明らかになっているが、むしろそのことを精神分析学的には意味のある書き換えであるという見地から小此木は、さらに改変を加えて「古澤—小此木版阿闍世物語」として、それを分析的に考察している（小此木・北山、二〇〇一）。

38——児島高徳《たかのり》（一三一二?—一三八二?）は、鎌倉時代末期から南北朝時代にかけて活躍したとされる武将。後醍醐天皇にたいして忠勤を励み、南北朝分裂後も一貫して南朝に仕えた忠臣とされたため、戦前においては極めて高く評価され、よく知られていた人物。

39——プシコとは、精神医学・精神医療・精神科患者など広く精神科関係一般を指して使われてきた俗語（ジャルゴン）である。語源は、ドイツ語の精神医学Psychiatry（プシヒアトリー）で、精神を意味する語幹psychiに由来するが、日本語でchiの発音が無いためにコの音に置き換えられてプシコとなったと思われる。

40——諸岡妙子（一九一九-一九九四）は、公衆衛生学者、東京女子医科大学衛生学教室を教授として定年まで二十二年間にわたって担当した。古澤との出会いは、おそらく一九四四年に諸岡が東京帝国大学医学部付属脳研究室介補嘱託となり、同研究室の何人かが古澤の下で学んでいたので、その関係であろうと思われる。

41——木田恵子（一九二〇-二〇〇六）は、本名・梶原恵美子。旧制高女卒業後、一九四一年から古澤に師事して分析を受けて民間の精神分析家となった。後年、自宅にて面談・相談などに応じていた。何冊かの著書がある。

42——現実原則は快楽原則と並んで、精神機能に仮定された二つの支配的基本原則の一つ。人間の行動は、乳幼児期は快を求め不快を避けるという原則（快楽原則）に従うが、成長にともない現実社会の要求（現実原則）が快楽原則を規制するようになって、快楽は直接には求められず、現実原則に順応しつつ迂回しながら求められるようになる。

43——メニンガー・クリニック（Menninger Clinic）とは、アメリカのカンザス州にあるアメリカの代表的な精神科病院で、一九二五年に設立された。メニンガーは、その創設者の名に由来する。多くの優秀な精神科医・分析家を輩出してきた。日本を代表する多くの分析家もそこで学び、日本との関係も深い。

44——土居健郎（一九二〇―二〇〇九）は、精神科医で日本を代表する精神分析家の一人。カトリック教徒。東大医学部卒業後、同精神科に入局し、一九五〇年頃に古澤と出会って精神分析を学ぶが、その後メニンガー・クリニックに留学、さらに二回のアメリカ長期滞在を経て、日本人の精神構造を解き明かした『「甘え」の構造』（土居、一九七一）を発表し、内外に大きな反響を巻き起こした。多数の著作があるが『土居健郎選集』（土居、二〇〇〇）にその多くが収載されている。永尾は、土居よりも先に古澤に師事しており、メニンガー・クリニックへの留学の話も最初は永尾に呈示されたが、家庭の事情もあり断ったところ、その話が土居にいったという経緯がある。

45——渡辺宏、荻野馨とも当時東大医学部付属脳研究室に属しており、一九五二年頃にはそこに精神分析研究会の事務所が置かれていた。渡辺は、その後当時の広島医大に転じた。荻野は、オギノ式で有名な産婦人科医荻野久作の息子。

46——小此木啓吾（一九三〇―二〇〇三）は、精神科医で日本を代表する精神分析家の一人。慶応義塾大学の医学生時代から古澤のもとに出入りしており、古澤の次世代を代表する分析家となった。日本精神分析学会設立（一九五五）後は、長く実質的な事務局長として学会を支えたが、財政難の折には永尾に支援を求めることも度々あった。実際、小此木から永尾宛の手紙（一九六一年三月十七日付け）に「日本精神分析学会創立以来、何回にもわたって多大な経済的ご援助を賜り、心から感謝致しております」とある。同学会第十四代会長（一九八八―一九九二）を務め、また育て上げた多くの門下生が現在の学会の主流をなしている。難解な分析理論を、専門家のみならず、広く一般社会に紹介した功績は大きい。著書・訳書等極めて多数にのぼる。小此木が古澤に学ぶ以前から、永尾は古澤に師事しており、当時永尾は小此木にとっていわば兄弟子であった。

47――カトリック信者の土居は、精神分析と仏教、フロイトと親鸞、自由連想と念仏を同一視する古澤の姿勢に根本的疑問を持ち、結局は彼と袂を分かつことになった（生田、二〇一六b）。

48――「生長の家」は、一九三〇年に谷口雅春（一八九三―一九八五）によって創設された新宗教系教団。その信仰は、仏教・神道・キリスト教などすべての宗教はその根本においては一致するという「万教帰一」を主張し、さらに心理学・哲学・科学などを融合させた独自の教義内容を持っている。経典としては『生命の實相』などがあり、思想的には右派で保守的と評価されることが多い。本文にあるように、古澤と谷口は一時期は接近したが、その後断交した。

49――大槻憲二（一八九一―一九七七）は、在野の精神分析研究者。東京精神分析学研究所を主催し、民間人を対象とする精神分析についての紹介・研究を発表する機関誌「精神分析」を、一九三三年から一九七七年までの間（戦中・戦後をはさむ十年余の中断はあるが）半世紀弱にわたって刊行し続けた。同誌の第一巻第三号（一九三三年七月）で「本研究所客員名簿」に古澤平作の名が初めて登場するが、さらに同号の「本研究所研究会六月例会」の記事に彼が客員として出席、「東北帝大、丸井博士門下の、そうしてフロイド教授の下から最近帰朝せられた古澤氏は、精神分析者となるまで……古澤平作博士に就いて物語られた。さうして種々独創的な、野心的な論題を提示せられて、席上を緊張せしめられた。」との記事があり、アジャセ・コンプレックスについて言及したと思われる。第一巻第六号（十月）で初めて、裏表紙内側全面に「精神分析學診療所 醫學博士古澤平作」の広告が出て、以後も時々掲載されていた。また第一巻第七号（十一月）には「古澤博士の診療所」という探訪記事（一九三三g）が掲載された。古澤は、同誌に論文を計四つ掲載した（一九三四a、一九三五a、b、一九三八a）。

後年、日本精神分析学会創立をめぐり、古澤と大槻らは袂を分かつことになるが、一九三〇年代においては上記のように大槻とはまだそれほど冷たい関係にあったと考えられない。

50―安田徳太郎（一八九八―一九八三）は、京都帝大出身の医師であるが、無産運動に関係し、また一九三三年に共産党シンパとして検挙され、一九四二年にはゾルゲ事件にも連座した経歴を有する。唯物論的科学史研究も行い多くの著作があり、フロイトなど多くの翻訳も幅広く手がけ、多彩な才能を示した。戦後は、歴史に関する著述も多い。

51―林髞《たかし》（一八九七―一九六九）は、昭和期の代表的な生理学者で、文才もありペンネームは木々《きぎ》高太郎《たかたろう》。第四回直木賞を受賞し、またみずから提唱した「推理小説」作家でもあった。慶応義塾大学医学部出身で、一九三二年ソビエト連邦に留学しパブロフの下で条件反射学を学んで日本に紹介し、それにもとづいて大脳生理学を研究した。旺盛な文筆活動でも当時有名であった。

52―パブロフ（Ivan Petrovich Pavlov, 1849–1936）はロシアを代表する生理学者。消化生理学の研究で一九〇四年にノーベル賞を受賞。独創的な研究手法で条件反射を研究し、実験対象はおもに犬であったので「パブロフの犬」として知られるが、そこから高次神経活動学説を唱え、その射程は人間精神にまで及んだ。その研究姿勢はパブロフ学派として後代に引き継がれ、精神医学にも大きな影響を及ぼした。特にソビエト連邦時代の精神医学は、パブロフ理論に準拠した独自の内容を持っていたが、ペレストロイカによって実質的に消滅してしまった。

53―三浦岱栄《たいえい》（一九〇一―一九九五）は、精神科医。学生時代にカトリックに入信し、生涯敬虔な信者であった。慶応義塾大学医学部卒業後、神経学・精神医学を専攻し、フランス政府給費でパリに留学。慶応義塾大学精神科教授を定年まで十四年間、その後も杏林大学精神科教授を務めた。精神分析にも理解を示し、自身ではその分野の研究を行わなかったが、教室員がそれを志向することは認め、日本精神分析学会第九代会長も務め、門下生から多くの有力な分析家が生まれた。

54——末那識とは、唯識論の第七識［注15参照］であり、第八識の見分を所縁として生じる識である。

55——北見芳雄（一九二四-二〇〇四）は、古澤の初期の弟子の一人で、精神分析家。永尾とは一歳上で年もちかく同時期の弟子仲間であり、長く交流が続いていた。精神分析研究会および日本精神分析学会創立時の事務長役を務めたが、その後、教育関連や発達心理学の仕事をして、東京理科大学教授を務めていた。

56——内観療法とは、吉本伊信（一九一六-一九八八）が創始した日本発祥の精神療法である。吉本は、医師でも心理士でもなく、もともと企業経営者のかたわら内観を実践していたが、のちにそれに専心するようになった。内観の技法は、仏教の「身調べ」と呼ばれた自己洞察法に由来すると言われ、生まれてから現在までに自分とかかわりの深かった人（父母、同胞、配偶者など）に対して過去の自分の言動や生活態度を内観三項目（してもらったこと、して返したこと、迷惑をかけたこと）について生活史を追って年代別に具体的に顧みてもらう。これにより自己内省が進み、自己中心的な思考から「他者に生かされている」という発想の転回が生じて、以後の生き方が変わってくるという。最近では、中国やアメリカ、ヨーロッパにまで普及しつつある。

57——白隠禅師（一六八六-一七六九）は、禅宗の一派・臨済宗の中興の祖と言われる江戸中期の禅僧である。修行を続ける中で病を得るも、内観法を授かって回復し、さらに修行に励み悟りを得たとされる。当時衰えつつあった臨済宗を復興させ、「駿河には過ぎたるものが二つあり、富士のお山に原の白隠」とまで謳われた。多くの禅画や墨跡でも知られている。

58——森田療法は、森田正《まさ》馬《たけ》（一八七四―一九三八）が開発した日本独自の精神療法である。森田は、東京帝大医学部出身で、東京慈恵医院医学専門学校（のちの東京慈恵会医科大学）教授として精神病学を担当している一九二〇年頃に神経質に対する森田療法を創始した。人間の自然治癒力を促進し、感情執着の悪循環を断ち切るために、臥褥療法や体験療法が導入された。症状をあるがままに受け入れて、目的本意、行動本意に実行できるようになることが治療の基本となっている。森田理論には独自の病態理解の仕方があり、近年では欧米でも試みられるようになっている。

59——丸井清泰（一八八六―一九五三）は、東京帝国大学出身で、東北帝国大学初代精神病学講座教授となった。この間、アメリカのジョンズ・ホプキンス大学のアドルフ・マイヤー教授の下に留学した。もともとは組織病理学が専門であったが、アメリカ滞在中に精神分析学に接し、帰国後は日本で最初に大学で精神分析学を講義した。その門下生には古澤平作、懸田《かけた》克躬《かつみ》、山村道雄らがいて、日本のアカデミックな精神分析学の基礎を築き上げた。しかし、精神分析では自由連想法がすべての基本であるという認識に至った古澤には、患者の生活史を聞き取りそれに精神分析的解釈をほどこして患者に一方的に説諭するだけの丸井の技法は、フロイト本来の精神分析療法とは似て非なるものにしか見えず、古澤が丸井の下で講師となった頃には対立するようになっていた。さらに古澤は、形式的に助教授には昇格するが、それは「箔を付けて」ウィーンのフロイトのもとに行く代わりに、帰国後は医局を去るという条件があったとされる（生田、二〇一四）。そして古澤は、帰国後は東北帝大を離れ、東京で精神分析に特化した診療所を日本で初めて開業した。再び歴史は繰り返し、同じような師弟の確執から、土居は古澤の精神分析のスタイルについて行けないものを感じ、彼のもとを去ってアメリカのメニンガー・クリニックへと旅立った。

60――大原健士郎（一九三〇-二〇一〇）は、精神科医。東京慈恵医科大学卒業後、自殺学研究の第一人者として知られ、また森田療法の継承者の一人として、著作も多数にのぼる。浜松医科大学初代精神科教授を十九年にわたって務めた。

61――断酒会とは、断酒の継続を目的としたアルコール依存症者とその家族の組織のこと。日本では一九五三年に発足したが、各地域で定期的に例会をもち、お互いに体験や悩みを語り合うことで断酒の継続を目指している。類似の組織であるＡＡ（Alcoholics Anonymous、アルコール患者匿名会）とは異なり、氏名を名乗って参加する。その全国組織が、全日本断酒連盟。

62――ヒステリー（Hysterie）とは、古代から存在していた概念であるが、歴史的にその意味するものは時代とともに変遷してきた。だからこの言葉が、どの様な時代背景で使われているかによって、意味が異なってくる。ヒステリー解明の歴史は、精神医学の歴史でもあり、ここから精神医学と神経学（＝神経内科学）が分離していった。現代において、ヒステリーという言葉の使用は、それが持つスティグマ性から避けられている。医学的意味において、旧来のヒステリーは、現在、解離性障害と転換性障害に分類されている。

63――実存神経症とは、アウシュヴィッツの強制収容所を生き延びたウィーンの精神科医ヴィクトール・フランクル（一九〇五-一九九七）が言い出した、生きている人間存在（現存在）の意味の不在・無から生じるとする神経症のこと。それに対して彼は、人間の責任性と倫理性を重んじ、人生の価値と意味への意志を強調した実存分析を提唱した。

64――夏目漱石（一八六七-一九一六）は、日本を代表する文豪で、もともとは英文学者。帝国大学

（のちの東京帝大）英文科を卒業後、松山、熊本で英語教師を経て、イギリスに留学。帰国後、英文学の研究のかたわら小説を書き出し、それで身を立てるようになった。漱石の生涯を、病跡学的に統合失調症圏や躁うつ病圏、神経症圏など、どのように位置づけるかで以前から論争がある。いずれにせよ、被害妄想が前景化した精神病様エピソードがあったこと自体には異論がない。

65——ラポール（rapport）とは、治療者と患者の間の疎通性のことで、お互いに双方向に意思の疎通ができることを「ラポールがある」とか「ラポールがつく」などという。ラポールがつかない治療関係は、非常に困難となる。

66——スキンシップとは、ごく親しい人間同士が肌や身体接触を通してお互いの親密感や帰属感を高め一体感を共有しあう行為を指すが、一種の和製英語であり、欧米では通用しない。英語圏でこれに対応する言葉は、physical intimacy であろう。

67——折伏《しゃくぶく》とは、仏教用語で、真っ向から正法を説いて悪人・悪法を打ち砕き、迷いを覚まさせて人々を導くことを言う。

68——狩野力八郎（一九四五-二〇一五）は、精神科医、精神分析家。慶応義塾大学医学部卒業、東京国際大学教授を務めていた。第十九代日本精神分析学会会長（二〇〇三-二〇〇六）。

69——一遍上人（一二三九-一二八九）は、鎌倉時代中期の僧侶で、時宗の開祖。各地を転々として修行する中で、三十六歳の時に啓示を受けて南無阿弥陀仏を一遍唱えるだけで悟りが証されるという教えを広め、また踊り念仏を始めるなど、ひたすら念仏を唱える実践に重きを置いた。

70——西田幾多郎（一八七〇-一九四五）は、日本を代表する哲学者。東京帝大に学び、その後京都帝大教授となり、京都学派を形成した。西洋の借りものではない独自の深い思索を展開させ、それは西田哲学と呼ばれて現代でもなお内外に大きな影響を及ぼしている。主著の『善の研究』（西田、一九一一）は広く江湖の人々に読まれた。岩波書店から何回かに渡って繰り返し（そのつど新しい資料を収載して）全集（西田、二〇〇二-〇九）が出版されている。

71——沢庵禅師（一五七三-一六四六）は、安土桃山時代から江戸前期にかけての臨済宗の僧で、当代の在表的な禅僧。当意即妙の受け答えで禅宗の教えを分かりやすく説く魅力的な説法により多くの人から慕われて帰依を受けた。書画・詩文・茶道をたしなみ多くの墨跡を残した。一説によると沢庵漬けの考案者と言われるが、異説もある。

72——日蓮（一二二二-一二八二）は、鎌倉時代の仏教僧。日蓮宗の宗祖。相次ぐ自然災害や争乱、さらには元寇の来襲など激動と混乱を極めた鎌倉時代に生き、幾多の困難にも見舞われながら、強い信念のもと法華経への信仰にその生涯を捧げ波瀾万丈の人生を送った。主著は『立正安国論』（一二六〇）。

73——「通信分析」とは、精神分析に通うことが困難な、たとえば遠隔地の人を相手に分析者が被分析者との手紙のやり取りを通して分析を行うことを言う。この技法は、正統な精神分析の技法としては見なされておらず、この言葉は『精神分析事典』（岩崎学術出版社、二〇〇二）にも載っていない。しかし、古澤は、一時期この通信分析にも熱心に取り組み、その試みは「東京医事新誌」に連載されたのちに、彼の唯一の著書『精神分析学理解のために』（古澤、一九五八a）としてまとめられたにもかかわらず、現在それを顧みる人はほとんどいないようである。

74——河合隼雄（一九二八-二〇〇七）は、日本を代表するユング派の臨床心理学者。日本人として始めてスイスのユング研究所でユング派分析家の資格を取得し、日本における分析心理学の普及と実践に貢献し、また箱庭療法を日本へ最初に導入した。ユング派の立場からから日本人の心と文化に斬新な視点を示して、多くの著作がある。晩年は文化庁長官にも就任し、文化行政にも手腕を振るった。

75――古澤は一九六〇年四月、門下生を自宅に招き快気祝いを催した。その際に柳宗悦の著書『南無阿弥陀仏』（柳、一九五五）が贈られたが、それを受け取った一同は皆驚いたと伝えられている。

76――日本において治療契約に基づきしっかりした治療構造を構築して標準的精神分析を実施することの困難さについて、古くはモロニー（Moloney, 1953）を、新しくは北山（二〇一一）を参照。

77――ハーディングが論じた、精神分析とインドあるいは日本との間の相互作用については、ハーディング（Harding, 2009, 2012, 2013, 2014, 2015）を参照。

78――金子準二（一八九〇-一九七九）は、精神科医。東京帝大卒業後、同精神医学教室に入局し、巣鴨病院、松沢病院、警視庁、慶応義塾大学を経て、昭和大学医学部教授となった。日本の精神医学史に造詣が深く、歴史時代の古文書にまで遡って渉猟した資料集成による多くの著書がある。戦前の断種法をめぐる議論では強く反対の論陣を張った。主著に『日本精神医学史年表』（牧野出版社、一九七三）がある。

79――松沢病院の正式名称は、東京都立松沢病院であり、日本に現存する最も古い公立精神科病院。その起源は一八七九年に設立された東京府癲狂院に遡るが、移転を繰り返した。一八八七年に東京帝大精神病学教室が担当することになり、一八八九年には東京府巣鴨病院と改称した。一九一九年に当時の松沢村に移転し府立松沢病院となり、現在にいたる。一九四九年から公務員法の改訂により、東大教授が病院長を兼任することが不可能となり、東大精神科とは別組織となったが、現在でも名実共に日本の精神医療の中心的役割をはたしている。
当時の松沢病院全体患者死亡率は、一九三六年は五・五パーセント、一九三七年は五・六パーセントであったのが、一九四四年には三一・二パーセント、さらに敗戦の一九四五年には四〇・九パーセントまで上がっており、その一番の要因は栄養失調であった。当時の状況は岡田靖雄著『私説 松沢病院史 一八七九～一九八〇』（岩崎学術出版社、一九八一）に詳しい。

80—霜田静志《せいし》（一八九〇–一九七三）は、美術教育、自由教育、臨床心理学の三分野に業績を残した。東京美術師範学校卒業後、美術教育に携わるが、その間にイギリスの教育家ニイルを知ってから、自由教育と精神分析に専心。七歳年下の古澤と親交を深め、一九三九年から古澤の教育分析を受けた精神分析家でもある。またニイルを広く日本に紹介するとともに、児童の精神分析や母子分析にも力を注いだ。戦後は長く、多摩美術大学教授を務め、臨床と理論、そして啓蒙活動に生涯を捧げた。

81—日蓮宗は、鎌倉時代中期に日蓮[注72]によって興された仏教宗派の一つ。法華宗とも称する。日蓮以後の歴史的経過とともにその中で多くの宗派（門流）が分岐していった。

82—道元（一二〇〇–一二五三）は、鎌倉時代の禅僧であり、中国から禅を伝えて日本の曹洞宗の開祖となった。無限の修行こそが成仏であるという「修証一如」を主張し、ひたすら座禅することつまり「只管打坐《しかんたざ》」をもっぱらとした。生涯にわたって書き続けた大著『正法眼蔵《しょうぼうげんぞう》』（一二三一–一二五三）は、現代思想にも影響を及ぼしている。

83—ヘルマン・ヘッセ（一八七七–一九六二）は、ドイツの二十世紀前半を代表する文豪で小説と詩を得意とした。一九四六年にノーベル文学賞を受賞したが、代表作に『車輪の下』（一九〇六）、『デミアン』（一九一九）などがある。

84——浄土とは、仏教概念の一つで、清浄で清涼な世界を指す。穢悪《あいあく》に満ちた世界の穢土《えど》と対となる言葉。真実の浄土は仏の住まうところであるが、それを現世に求めるか、来世（死後の世界）に求めるかで考え方と生き方に決定的な相違が生まれる。

85——ドン・キホーテは、スペインの作家セルバンテスの小説名（一六〇五／一五）であると同時に、その主人公の名前。中世ヨーロッパで流行していた騎士道物語を読みすぎて、自らを伝説の騎士と思い込んだ主人公が、痩せこけた馬のロシナンテにまたがり、従者サンチョ・パンサを引き連れて遍歴の旅に出る奇想天外な物語。騎士姿の主人公が風車を巨人と思い込み乗馬したまま突撃して吹き飛ばされるシーンは、よく考えずに物事に挑む無鉄砲・無謀で軽率なさまを示す形容詞「ドン・キホーテ的」として使われることがある。

86——一休宗純《そうじゅん》（一三九四－一四八一）は、室町時代の臨済宗大徳寺派の僧侶。早くから詩文の才を発揮したが、若くして仏門に入り、やがて戒律や形式にとらわれない自由奔放な人間くさい生き方で民衆の共感を呼び、江戸時代になって「一休さん」の頓知話を生み出す元になった人物。

# 解題〔1〕

山中康裕
（京都ヘルメス研究所・京都大学名誉教授）

永尾雄二郎・ハーディング（Harding）・生田孝の鼎談記録「仏教精神分析——古澤平作先生を語る」が二〇一四年の秋に「精神療法」誌に投稿された。

妙木氏と筆者が審査にあたって、これは一読して、資料としても価値があり、また精神分析からも、仏教的精神療法からも大変に面白いが、幾分長すぎるので三回に分けることと、精神分析においても、仏教的精神療法においても認識の違いなどがあるため、審査者両名が、それぞれの立場から解説・注釈を加えることで掲載したら、ということになり、解題〔1〕で仏教およびユング関係から筆者が、解題〔2〕で妙木氏が精神分析から、担当することとなった。

本原稿は、英国エジンバラ大学のクリストファー・ハーディング（Christopher Harding）

氏と、永尾医院の永尾雄二郎氏、聖隷浜松病院の生田孝氏による、二〇一二年に行われた、古澤平作にまつわる鼎談である。本文を読めば知られる通り、永尾氏は、当初、古澤に治療を受ける形で精神分析を受けた日本最初の精神分析のクライエントの一人であったが、後、古澤に深く師事した。後に日本を代表する精神分析学者の土居健郎や小此木啓吾、西園昌久などよりも、古澤に師事した時期は早く、彼らの兄弟子である。

古澤平作が、一九三二年にフロイトの元に行き、精神分析を直に受けてきたことはつとに有名であるが、私には彼がフロイトに手渡した「アジャセ・コンプレックス」の論文がフロイトに読まれたのか否か？　読まれたとしたらフロイトはどう理解したか？　に関心があったが、本鼎談を読む限り、やはり、残念ながら読まれなかった可能性が高いと思われた。

しかし、古澤平作の精神分析が、ここまで仏教的なもの、しかも、ここまで真宗的なものだったとは、今までよく認識されていなかった（無論、アジャセ自体が『観無量寿《かんむりょうじゅ》経《きょう》』中の説話の主人公であり、考えてみればまったく当然のことなのだが）ので、この鼎談が本誌に載る意味は大きいと思われる。

ことに、永尾氏が金子大榮や近角常観・常音兄弟と親しく彼らの教えを得ておられることなどから、真宗の信心は本物であったろうことが偲ばれる。永尾氏が「ただ念仏のみぞまことにおわします」が大切といっておられることは無論正しいが、これは氏の解釈なのではなく、聖徳太子が「世間虚仮《せけんこけ》、唯仏是真」(天寿国繍帖銘)と言い残したことを親鸞が信奉したものである。また、これは完全に私事であるが、途中、掲げられた金子大榮の揮毫「伊蘭林中栴檀生」なるアジャセが語ったという親鸞の『教行信証』中の言葉は、私の雅号伊蘭子の出所でもあるが、それは恩師岸本鎌一先生の、ひいては、私の妻の祖父の俳号でもあり、端的に嬉しかった。

ただし、途中で出てくる「ユングは当時あまり知られていなかった」のは事実であろうが、実は、ユングの Wandlung der Libido(一九一二)論文が、中村古峡《こきょう》の訳で「生命力の発展」として、すでに翻訳されており(一九三一)、これは《世界大思想全集》(春秋社)の中にサン・シモン、ガリレオ・ガリレイなどと並んで収まっており、フロイトもこの全集でショーペンハウエルと並んで取り上げられているのだ。古澤がフロイトに会いに行ったのは、一九三二年のことであるので、ユングの名が日本に出たのは、それよりも早かったことをここできちんと指摘しておきたい。

当時千葉で診療所を開設していた中村古峡(彼は東京帝大・文卒で、漱石門下の小説家。のち東京医専卒の精神科医）が翻訳し、当時の「変態心理」（今でいう異常心理学）という雑誌でも、その頃発表しているし、精神医学会でも発表しているのだが、どうも古澤も永尾氏もそれらに気づかれなかった可能性が高い。

さて、本鼎談で「悪人正機」を語ったすぐ後に、「私自身の相というべきもの」との永尾氏の言葉が出てくるが（三十八頁）、ここは「相」ではなく、「業」ではなかろうか。あるいは、永尾氏の「相」理解のほうが遥かに深いのかもしれぬ。

また、鼎談中しばしば出てくる《人間の罪》の部分は、無論のこと罪業妄想といった病的なものではなく、たとえば「人間として生きていかねばならない以上、必ず生類の命を食べねばならぬ」という根源的な罪を犯さねばならぬことでもあって、親鸞の罪意識はそこら辺りからも生じていることをこそ知るべきであろう。だからこそ自力ではどうにもならず、ひたすら阿弥陀仏の救いを願って《念仏する》ほかに手はないのである。

生田氏のここで言われる「実存神経症」は、氏も一時期籍を置かれた名古屋市大の岸本鎌一教授の概念でもあり（よく、フランクルのNoogene Neurose精神因性神経症と一緒にされるが、仏教的な概念が入ったこの概念は岸本氏独自のものでもある）、私にも、永尾氏が古澤先生に懸る切っ掛けとなった神経症はdepersonalizationではなく、これだと思われる。ただ、神経症にレヴェルの高低などはなく、魂・心・体のどの部分で悩んでいるかの違いに過ぎない。しかし、生田氏の言われるように、古澤がアジャセの問題に深く入っていったのは、彼が十人兄弟の九番目でほとんど乳母に預けられて母親の養育を受けていなかったことが大きな素因だっただろう、というのはありうることだと思われた。

それにしても、若きハーディング氏の読書量とその的確な読解には驚かされる。日本の事情や仏教の欧米における理解のあり方なども、こうして外国人からの目を経ると、よりユニヴァーサルになり、当然ながら本当の意味でグローバルな目で考えることができるので大変に貴重であった。

永尾氏の仏教理解と精神療法がぴったりと合うくだりは、たとえば、「光台現国」「即便微笑」のくだりであろう。まさに釈迦とイダイケの出会いであり、浄土真宗の発祥の根源でもあろう。

古澤が「一切の御縁を大切にした」というのも古澤の仏教理解の深さを表していて興味深いが、古澤がフロイトのエディプス・コンプレックス分析に対抗して、融合を説くアジャセ・コンプレックスを取り上げたのは、ブッダの根本的な考え方と相まって興味深い。

永尾氏の真宗理解の深さは、私が拝読する限りホンモノと思われ、「極楽往生の道」や「おかげさま」「念仏」「アンダースタンド」「浄土」「尽十方無碍光如来」「諸法無碍」「一如実相」などの用語の使い方から理解のあり方、それらがアタマだけの、つまり意識の概念ではなく、言わば《阿頼耶識》の深層から染み出た、体得・心得の域に達しておられることも、うかがわれた。これが、一人永尾氏のものなのか、永尾氏の言われるように、古澤のものでもあったのかは、にわかに判別しがたいが、大変に興味深い鼎談ではあった。

私自身の勝手な意見を言えば、私の恩師・岸本鎌一先生も、《仏教的精神療法》ということをおっしゃっておられた（岸本、一九八四）が、それとほとんど同質の、仏教理解なり、精神療法理解なりを感じた。岸本先生の方は多分に求道者的で、まだ学者的な部分が残っていて、幾分青い感じがあったけれども、永尾氏のは、それをさらに超えて、より根源的な理解に達しておられる印象がある。

もう一つ、私個人の蛇足的な思いを付け加えれば、この同じ『観無量寿経』でも、フロイトを訪ねた古澤は、その前半の「アジャセ王の物語」に注目したのだったが、ユングは、なんと、後半の日想観をはじめとする「十六相観」の方に着目しているのも、興味深いことである。同じ経典からでも、その立場の違い、興味のあり方の違いで、まったく違う面を見ているからだ。先に記したように、もし、フロイトが、この古澤の論文を真面目に読んでいて、自身のエディプス・コンプレックスの理論との、東西の考え方の違いに着目していてくれたら、どれだけさらに生産的であったことか、と実に惜しく思うのは、時代が下がってからのNachträglichkeitではあるが、興味深いことである。とにかく、この鼎談は、それらのいくつかの思いを触発してくれて、実に楽しいものであった。

**◆文献**

荒牧典俊訳注（二〇〇三）『十地経 大乗仏典8』中公文庫
Ikeyama E (1965) TANNISHO, das Büchelein vom Bedauerun des Abweichen Glaubens, Risosha
岸本鎌一（一九八四）『人間回復への道――仏教と精神医学』弥生書房
Kishimoto K & Yamanaka Y (1987) *Zen Buddhism and Psychotherapy : A Commentary on Yase-kanna by Zen Master Hakuin*, Psychologia, 30, 113-125.

中村古峡（一九三一）『生命力の発展』《世界大思想全集》サン・シモンとガリレオ・ガリレイとともに　第33巻』春秋社 (Jung, CG (1912) Wandlung der Libido)
六十華厳（二〇〇八）東晉天竺三藏佛駄跋陀羅訳『大方廣佛華嚴経』東大寺御宝、昭和大納経展、日本書芸院
Yamanaka Y (1985) Buddhism and Psychotherapy, Psychologia, 28, 77-89.
山中康裕（一九九四）『縁起律について』山中ら編『身体像とこころの癒し――三好暁光教授退官記念論文集』岩崎学術出版社
山中康裕（二〇一〇）『深層心理学から見た華厳経（Buddhavatamsakanama-Maha-Vaipulya-Sutra HUA YEN CHING〔大方広佛華厳経〕)』、ユングと曼荼羅、ユング心理学研究、第2巻、日本ユング心理学会
山中康裕（二〇一三）『親鸞の十六想観』一行寺

# 解題〔2〕

妙木浩之
（東京国際大学）

古澤平作（敬称略）が戦前にフロイト（Freud）のもとを訪ねたことは、日本の精神分析の歴史のなかでは記念碑的なことであった。それまでに矢部八重吉という人物が、フロイトに影響すら与えたという歴史があったにしても、矢部は終戦の年に亡くなっているので、その後の日本の精神分析運動にほとんど影響を与えなかったし、大槻憲二という先達はすぐれた文学研究者ではあったが、臨床医学の世界からは距離があったので、ブロワーズら（Blowers et al., 2001）が指摘しているように、臨床精神分析の歴史からは外されてしまった。古澤の後に森田正馬との論争で有名な丸井清泰がフロイトのもとを訪ねているが、それは古澤と同じ文脈である。この点で北山修らが『フロイトと日本人』（二〇一一）で報告しているが、フロイトの精神分析運動と日本人のやりとりの間には抵抗が多かったとはいえ、今日の精神分析の歴史、特に臨床精神分析の歴史を引き継いだのは、古澤平作だけだった。彼が帰国後、日本ではじめての開業精神分析の診療所を開設して、一九五〇年代には精神分析研究会を組織し、それを日本精神分析学会（一九五五年に発足）にまで成長させ、その間、小此木啓吾、西園昌久、前田重治といった精神分析家たちを育ててきた経緯のなかで、日本の精神分析の祖にあたる人物であることは公的な歴史になっている。けれども、歴史の中でのその人の仕事と、その人の関心とは必然と偶然のように、かならずしも一致するとは限らない。

ありがたいことに古澤個人について、近年、いくつかの研究が試みられている。岩田文昭は明治期の青年たちの仏教運動を支えた近角常観（一八七〇－一九四一）についての研究から古澤の仕事を見直している。これまで小此木啓吾が指摘してきた医学的な文脈とは異なり、古澤平作に決定的に影響を及ぼした人物が真宗大谷派の僧侶、近角であり、阿闍世コンプレックスがもともと宗教について書いたものであることを含めて、古澤の引用が近角の言葉から出ていることを論じている（岩田、二〇一四）。近角は東京帝国大学の哲学科の入学中に病に臥して、そこで回心を体験する。そして卒業後、仏教徒国民同盟会の結成に参加。そして仏教青年運動の中心人物になっていく。東京本郷の求道学舎と求道会館において学生・知識人を組織し、『歎異抄』を中心として、親鸞の精神を広める努力をした。明治期に、仏教運動を中心として、宮沢賢治、三木清などの多くの青年たちに影響を及ぼした。その中の一人に古澤がいたのである。その結論、つまり古澤の精神分析そのものが、常観その人をモデルにしているという点、だから「古澤の精神分析療法は、仏の慈悲によって衆生の心をとろかすという常観の説教を転用したものである。古澤では、母親の愛が子どもの怨みをとろかすことへと焦点が移る。ただし、精神分析を実際に遂行するときには、仏の役割を古澤が代わりに果たす。つまり、人間の親と子との対立・和解が阿闍世コンプレックスの主題となっていたものの、実践面においては、仏の同情、大慈悲による救済に代わるものを治療者たる古澤自身が患者に与えていた。そのため、古澤が論文で言及する母親像に、たとえ明示的な超越性が認められなくても、治療行為そのものが仏教的実践に通じている」という結論は、なかなか興味深い。私たちは小此木を通して古澤が毎朝禅を行っていたことを知っている。そしてその実践である「とろかし」が、きわめて仏教的な営みであったことも、武田専（一九九〇）が『精神分析と仏教』（新潮選書）で描いた通りだろう。だが、にもかかわらず、その全体を描くときに、理論と技法の仏教的な側面を強調してこなかったといえるのかもしれない。そして精神分析と仏教という、二つを対話的にとらえてこなかったのだろう。

この対談に参加している生田孝は、近年古澤の医学博士論文、また阿闍世コンプレックスの論文を読み直すなど、積極的に古澤平作という人物を研究している（生田、二〇一四、二〇一五、二〇一五）。それらの研究は、古澤がきわめて仏教的だったこと、そして古澤のドイツ語が拙かったことも含めて、フロイトの提案をなぜ古澤が断ったのかなどについて新たに考え直す点は多い。だが何より古澤の仏教徒としての複合的なあり方を見直す基礎作業そのものは、私たち日本人にとって精神分析はどうあるべきかという根本的な問いを投げかけている。

ちなみに敗戦時に刑務所で亡くなった三木清の『人生論ノート』は今も読み継がれているが、彼ら、つまり日本発の哲学として組織された京都学派、西田幾多郎の流れに属する人たち、つまり田辺元、和辻哲郎、九鬼周造、そして三木は西洋の産物である哲学を禅や仏教の「無」の思想から読み解こうとしていた（田中、二〇一五）。今となっては、私たちはこの思想の重要性を海外からの文献で確認することが多い（Heisig, 2001）。今回の対談者であるハーディング（Harding）の関心は、精神療法と宗教の間の溝を埋めるという試みなのだろうが、私たちは逆に古澤が瀬戸内晴美を治療していたことなど、KOSAWAの仕事が海外に紹介されるようになって詳細を知るのも、同じような文脈だと言えるのだろう。これは否認なのだろうか、それとも抑圧なのだろうか。日本文化は、縄文時代から、外来文化を重層的に取り込み、和様式化して土着化させてきた。そうした文脈の中で和魂洋才は、つまりアマルガムは明治期の思想的な特徴である（平川、一九七六）。純金ではない合金の在り方を積極的に認めていた時期から、何か不思議な否認が起きるのが戦後の現象で、いつも海外の潮流を真実だと思ってしまう（他人の芝生は青いという）経緯は、敗戦コンプレックスの産物なのだろうか。

もし古澤の考えた精神分析がきわめて東洋的な思想と融合していた合成物だとして、その後の精神分析学会、というよりもその後の日本の思想的な世界が宗教を排除してきた歴史は、もう一度、精神分析家として取り組む日本の主題として目の前にある。それが理解不足によるものであれば、もとより深い理解を進めるべきだし、土着化こそ日本文化の特徴なのだがそれを分析の理論として、つまり無の思想を基盤とする日本的な精神分析の可能性を模索する作業こそ、その先に推し進めるべき主題としてある。その意味で今回の対談で、古澤の初期の高弟で、しかも宗教者へと転身した永尾雄二郎の、古澤に関する言葉を読めることは、幸運なことだと言える。生田、ハーディング両氏の仕事に感謝したいと思う。ちなみに今、日本精神分析協会では、古澤平作の遺品を整理して、アーカイブ化する作業を進めている。

◆文献

Blowers, G., Yang Hsueh, S.（2001）Ohtsuki Kenji and the beginnings of lay analysis in Japan. The International Journal of Psychoanalysis, 82（1）; 27-42.
Harding, C.（Ed）（2014）Religion and Psychotherapy in Modern Japan. London, Routledge.
Heisig, J. W.（2001）Philosophers of Nothingness : An Essay on the Kyoto School. University of Hawaii Press.
平川祐弘（一九七六）『和魂洋才の系譜』河出書房
生田孝（二〇一四）「古澤平作の学位論文「精神乖離症性幻視ニ就イテ」」（昭和八年）精神医学史研究、一八（二）八八-一〇二頁
生田孝（二〇一五）「古澤平作の仏教精神分析」第62回日本病跡学会口頭発表
生田孝（二〇一五）「古澤平作のドイツ語訳「阿闍世コンプレックス」論文をめぐって」精神医学史研究、一九（二）四五-六〇頁
岩田文昭（二〇一四）『近代仏教と青年――近角常観とその時代』岩波書店
北山修編（二〇一一）『フロイトと日本人――往復書簡と精神分析への抵抗』岩崎学術出版社
小此木啓吾・北山修編（二〇〇三）『阿闍世コンプレックス』創元社

武田専（一九九〇）『精神分析と仏教』新潮社
田中久文（二〇一五）『日本の哲学をよむ――「無」の思想の系譜』筑摩書房

解説（1）

# 知られざる古澤の過去

生田 孝

本書は、日本精神分析の父といわれる古澤平作のかなり最初の頃の弟子であった永尾雄二郎（一九二五－）を私とハーディングが二〇一二年に聞き取ったものをまとめたものである。この時の記録は、すでに「鼎談 仏教精神分析」と題して三回にわたり雑誌「精神療法」（永尾ら、二〇一五a、b、c）に掲載された。この掲載に際して、一回目に山中康裕氏から、三回目に妙木浩之氏からも解題を頂いたので、これも本書に合せて再録させていただいた。それらの収載だけでは、当時の世情や学界の状況などを詳しく知らない読者がおられるのではないかとも思い、やや詳しい注を私が付け加えた。またハーディングと私からの解説も載せて、巻末に現在知り得た限りの古澤の文献目録を付した。

注1でも記しているように、古澤平作（一八九七―一九六八）は、日本における精神分析創成期の臨床家として土居健郎（一九二〇―二〇〇九）や西園昌久（一九二八―）、小此木啓吾（一九三〇―二〇〇三）など以後の有力な弟子たちを育て、日本精神分析学会を創設し、初代会長としてその発展に尽くしたことでも良く知られている。彼は、東北帝大医学部を卒業後、同精神病学教室丸井清泰教授（一八八六―一九五三）に師事して精神分析学を学び、その後同教室助教授として一九三二年に一年弱ウィーンに留学し、フロイト（一八五六―一九三九）に会い精神分析の勉強をして帰国。以後は大学を辞して、東京の田園調布に「精神分析学診療所」を設立して開業し、終生にわたって臨床実践と教育分析によって多くの弟子の育成につとめた日本における精神分析の父とでも言いうる存在である。

この古澤の初期の弟子の中の一人に、その後古澤のもとを去り、精神分析から仏教へと自らの生き方を求めた永尾雄二郎という医師の在家信徒がいる。この永尾こそが、本書の語りの中心人物である。彼は、自分の人生について悩み医学生時代の一九四六年に古澤の門を叩いたが、そこから古澤によって教育分析へと導かれた。その過程の中で永尾はある日の朝にふと思い浮かんだ歌を古澤に示したところ、古澤は大いに喜び、それをもって分析の終了とした。その後も永尾は、古澤の高弟の一人として精神分析にたずさわり、日本精神分析学会設立（一九五五）の準備にも尽力した。しかし、その発足を機に精神分析とは袂を分かち、真宗大谷派の高名な僧侶で仏教学者でもあった金子大榮（一八八一－一九七六）に教えを請い、その後は医業のかたわら有力な在家信徒として信仰を続けてきた。この間もときに学会の財政が逼迫してくると、当時の学会事務長であった小此木から乞われるままに陰ながらも資金援助をすることもあった。古澤が一九五七年に脳卒中で倒れたときに、永尾は自宅に見舞ったが、この時に古澤から十一年前の返歌を受け取った。これにより二人の関係は、円く完成したのである。

本書では、古澤の弟子であった永尾が、精神分析から仏教へと転じて金子の門弟となった経緯を聞いている。そして、当時の古澤の生き生きとした姿を伝えながら、古澤と永尾との間に交わされた歌と返歌を紹介することで、永尾が仏教へと転進したあとも、お互いを認めあっていたことが明らかになる。その背景には古澤の仏教への、とりわけ親鸞への深い帰依があったことが明らかにされる。このような永尾の「語り」を通して、今まで余り知られることのなかった古澤平作という生身の人間像が読者にも髣髴とされて来るであろう。

私が永尾の存在を知った切っ掛けは、二〇〇四年にNHKラジオで早朝四時から放送されていた「こころの時代」（再放送）をたまたま耳にしたことによる。まだ布団の中でまどろみながら聴いたのではっきりと記憶していなかったのだが、どうもその中で「自分は昔、日本の精神分析の父ともいえる古澤先生の弟子であった」というようなことを聴いた気がして、放送の最後の「静岡県在住の医師永尾雄二郎先生のお話でした」というアナウンスが心に残った。その後しばらくそのことを忘れていたのだが、ふとした機会にそのことを思い出し、それからはそのことが気になり出した。古澤平作の「生き証人」とも思われるその人に会って、古澤平作と日本精神分析草創期の話を聞きたいと思ったのである。そこで、県医師会名簿から所在を割り出して、面会希望の手紙を書いたところ、早速その承諾を得たことがすべての始まりであった。

そのような経緯で、二〇〇四年四月に直接自宅を訪れて、六時間にも及ぶ長時間のインタヴューを行うことができた。その後は、折々に連絡を取りあっていたが、本文でも記されているように二〇一一年秋の精神医学史学会（於：愛知県立大学）で私が、ハーディングの発表を聴く機会が、さらなる展開を生み出した。

ハーディングは、エジンバラ大学で、西欧思想と異文化の出会いを近現代において調べている歴史学者である。西洋思想の中でももっとも異文化に取り込まれにくいものは、西欧思想の本質ともいえるキリスト教ではないだろうか。キリスト教と異文化の出会いと相互作用の研究は各方面でかなり進んでいる。とりわけ彼が注目したのは、キリスト教そのものではないが西洋思想の精髄ともいえるフロイトの精神分析が、異文化と接触したときにどのような事が起きたのか、何が受容され、何が受容されなかったのか、そしてどのような変容を被ったのかということである。そこで彼は、具体的事例として、精神分析のインドにおける受容と日本における受容の比較文化的研究を計画した。そして、まずインドにおける研究を一段落させたあと、日本における精神分析の受容（と拒絶、そして変容）を調べるために日本にやって来たのであった（Harding, 2008, 2009, 2012, 2013, 2014, 2015）。

そこで私は、彼と偶然に出会うことになったのである。あるいは、仏がすべてをそのようには取りはからってくれていた、とも言うことができよう。まさに仏縁であろうか。さっそく彼に、古澤の初期の弟子にあたる人物（永尾）が今なお静岡県に健在であることを伝えたところ、是非とも会いたいとの希望があり、二〇一二年四月に彼を交えて二回目のインタヴューを再び永尾宅で行うことになった。本書は、この二回目のインタヴューをまとめたものである。

このような機縁から近年、古澤平作について調べてきたのであるが、いくつか興味深いことがわかってきたので、それらについて以下に簡単に紹介しよう（生田、二〇一四、二〇一五、二〇一六a、b）。

まず本書でもその一端が述べられているように、古澤は、旧制二高在学中から、熱心な親鸞の帰依者であった。それを背景として医学生になって古澤は、初めて精神分析を丸井の講義で知ったのだが、当初から彼は、精神分析と仏教は衆生救済の意味で本質は同じであって、その表現形が違っているに過ぎないという認識（直観）を得ていたようで、それは終生変わることのない古澤の人生哲学であった。だから古澤自身は、精神分析と仏教との間に何ら思想的な矛盾を感じることはなかったようである。さらに晩年に至ると古澤は、フロイトと親鸞を、自由連想と念仏を、ほとんど等価に見るようになっていた（後述）が、このような考え方は何時頃から形成されたのであろうか。

彼は、仙台の旧制二高に在学中、浄土真宗系の自治寮に入って、そこで親鸞に帰依して熱烈な他力本願の論客となった。それ以後この親鸞への傾倒は、終生変わることなく続いたが、二高卒業後、東北帝大医学部で精神病学講座丸井教授による精神分析学の講義を受けて、それを一生の学問と志すようになった。

　古澤が、精神分析を論じた論文の中で仏教に言及している最初のものは、のちに「阿闍世コンプレックス」が概念化されることになる一九三一年の論文（古澤、一九三一a）であるが、ここでは、精神分析と仏教の等価性までは言及されていない。しかし、フロイトの下から帰国後の一九三四年に書かれた論文（古澤、一九三四a）では、「余はこゝに精神分析治療の真髄を浮きぼりしたかの如き記述を、聖人親鸞の伝記の中に見出した」として、修験僧が親鸞の殺害を企てたがその真心に出会い回心して弟子辨圓《べんねん》となった事跡を取り上げている。さらに、親鸞の夢（夢想）を取り上げて紹介し、「愛欲と名利、これが聖人の克服されたる人生の山である。愛欲はリビドーであり、名利は攻撃欲であろう。されば分析医の人格の中にあるこの二つの錯綜克服こそ患者治癒の最大条件であると余は言いたい」と述べている。これが書かれたのは、古澤三十六歳、東京の東玉川に「精神分析学診療所」を開業した翌年であるが、既にここにおいて、親鸞の人びとに対する接し方と親鸞自身の己に対する処し方の双方が、精神分析治療と分析医のあり方の「精髄をうきぼり」にしているとしてフロイトと親鸞を同一視する考えが明確に見て取れる。

さらに古澤は、四十二歳の時にフロイトの死を悼む文章（古澤、一九三九e）の中で、「先生〔フロイト〕の心中は只聖親鸞のそれに比べられるばかりだと自分は思ふ」と述べ、さらに「自分は先生のこの心境と聖親鸞の心境との相似を考へずに居られない。……聖人の方は『弥陀の光明』によつて自己の無限の機根を知らせられ、フロイド先生は分析の研究それ自身によつて無限な無意識界を知つて行かれた……聖人の機の深信の喜びとフロイド先生の……『あゝさうか』分析学なかりせばと喜ばれたことゝ彼此二つの喜び聖人の宗教的喜び、先生の科学的喜び何んと云つてよいか感慨無量のものがある」と述べて両者を比肩している。

古澤は、精神分析的治療の中で時として、親鸞へのそして仏陀への信仰を勧めることがあり、その意味で古澤の治療は精神分析的には破綻／超越していたともいえるが、古澤はその自覚を一切持っていなかったようである。このことを真剣に受け止めて、古澤に対峙しようとした土居は、いつもその話題を軽くあしらわれてしまうことに絶望し、古澤と袂を分かつことになったが（土居、一九八〇）、古澤はさらにこの道を突き進んでいった。

この親鸞への帰依は、晩年の古澤において、精神分析と表裏一体で不可分の境地にまで到達していた。彼の晩年に書かれた六十六歳のときの文章「お差支えなし、御注文なし」（古澤、一九六三b）で古澤は、以下のように書いている。

「私は被分析者に対して自由連想と同時に念仏（題目でもよい）を唱えるように勧めることがある。信心を伴わない念仏（または題目）は空念仏にすぎないではないかという人もあろうし、あるいはまたそれが精神分析とどういう関係があるかという人もあるが、それこそ分別識なので、要は『お差支えなし、御注文なし』である。自由連想と唱名の併用が多くの実績をあげていることは事実が証明するところである」（古澤、一九六三b）。古澤は被分析者に対して、自由連想と共に積極的に仏の教えを受け入れることを説き、自由連想と並行して念仏（お題目）を唱えることを勧めていた。この意味において晩年の古澤において、フロイトと親鸞の精神的位置価はほぼ同一であり、精神分析と念仏は表裏一体で不可分の境地に、つまり分析・念仏一如《いちにょ》の境地にまで到達していたと言うことができる。

しかし、古澤の精神分析における仏教的側面は、多くの弟子たちに引き継がれることはなかった。小此木は、阿闍世コンプレックス概念だけを継承しそれを敷衍拡大したが（小此木・北山、二〇〇一）、土居は、むしろ古澤の精神分析と仏教の無自覚的不分離を嫌って袂を分かち、去っていった。唯一、古澤の仏教的精神の理解者が永尾であった。だからこそ、彼は、精神分析から仏教へと転進したのである。そして古澤は、それを終生、了としていた。

次に彼の学位論文（古澤、一九三三a）について述べてみよう。東北帝大時代に彼は、学位論文（医学博士）を書き上げている。それは、主論文一、参考論文五からなるのだが、主論文と参考論文1～3は、精神分析の症例とその考察からなっている。しかし、参考論文4と5は、驚くべきことに彼が創始した統合失調症への根本治療であるとする身体治療「ヤクリトン療法」が述べられていたのである。ヤクリトンとは当時の東北帝大で開発されたある種のホルモン製剤であり、それはさまざまな解毒作用を有しているとする。そして、彼は以下の様に極めて大胆なことを主張するのである（生田、二〇一四）。

恐怖を感じると体内で或る毒素が生産される。そして、健常者よりも慢性的に強い恐怖を感じている統合失調症者では、健常者よりもより多くその毒素が存在しているために、それが肝臓の抗毒素作用を超えてしまう。この過剰毒素が、血流によって脳などの諸器官に及び、これが繰り返されることで身体のシステムが悪影響をこうむる。これを古澤は、「恐怖システム」と名付けた。そしてサディズムに素因を持っていた青年が、生殖年齢に達してリビドー亢進がおきると、強く恐怖を感じ始めて毒素が増えることで、トラウマが、そして統合失調症が始まる。だから、この毒素を解毒するために、身体治療が、つまりヤクリトン療法が必要となるというのである。それに並行して、心の治療つまり精神分析療法も為されなければならない、と古澤は主張する。

この古澤の主張をそのまま受け入れれば、統合失調症は、発達史的には心因性であり、かつ恐怖が生み出す毒素による脳障害として生じると捉えるなら外因性でもある。つまり彼の「恐怖システム」理論によれば、統合失調症は心因かつ外因性精神障害ということになってしまう。しかしこのような見解は、現在にいたるまでも証明されておらず、統合失調症は当時も今も内因性に位置づけられている。そもそも精神分析家であったはずの古澤が、なぜこのような統合失調症の体内毒素過剰説に荷担したのか、そのことは歴史の謎と言わなければならない。そして彼のヤクリトン療法は、彼がフロイトのもとから帰国して東北帝大を去ったあとは、一切言及されることがなかった。

日本における精神分析学の学位は、古澤を嚆矢とする。当時、官学で精神分析学が学べる唯一の場所が丸井の主宰する東北帝大精神病学教室であった。その丸井のもとにおいてさえ、当時の教授会で精神分析の学位が承認されることは至難の業であったと思われる。だからこそ、そのためにも古澤は、当時も今も精神医学の主流である生物学的精神医学における業績を必要としたのであろうか。実際、統合失調症の体内毒素説は、当時においてはそれなりに有力な成因仮説の一つであった。だからこそ、彼のヤクリトン療法研究は、彼が学位を取るための一種の方便だったのだろうか。そしてその後の沈黙は何を意味しているのだろうか。それらは依然として開かれた問いのままである。しかし歴史的にヤクリトン療法の正否は、すでに明らかであろう。

さらに、有名な阿闍世コンプレックスについて取り上げてみよう。その内容については、小此木らの詳しい解説が成書（小此木・北山、二〇〇一）として出版されているので、それを参照していただきたい。ここでは、古澤が自らドイツ語訳した阿闍世コンプレックス論文をフロイトに手渡して、フロイトがそれを読んだにもかかわらず、それに対して何もコメントを寄せなかったと伝えられてきたことについて言及したい（生田、二〇一五)。従来このことは、フロイトがこのドイツ語訳論文を「内容的に評価しなかった」ことを意味していると解釈されてきた。最近私は、一般誌に掲載されながら埋もれていたこのドイツ語訳論文に対応するものを見出した。しかし、この翻訳論文はもともとの和文論文が相当に省略されて訳されているために、単にそれを読んだだけでは古澤の言わんとする所がほとんど伝わらず、ドイツ語文としても形式的にかなり不完全であるため、内容的にも把握が困難な文章構成であることを明らかにした。その意味で、古澤の訳文は、阿闍世説話の説明部分も、精神分析の症例呈示も、はなはだわかりにくい構成になっており、論旨にも飛躍(説明不足)や断定、省略が多く、何回読んでもそれだけではドイツ語としてかなり理解困難な文章になっている。日本人読者であれば、仏教知識を背景として別ルートで古来より伝承されてきた阿闍世説話について容易に知ることが可能であり、それによって古澤の説明不足を補完することもできる。しかし、仏教を背景知識としてはそれほど持たなかったであろうフロイトにとって、古澤の訳文は非常に理解困難なものであったと想像される。つまりフロイトは、古澤の提示した阿闍世コンプレックス概念を、評価する以前にそもそもドイツ語の文章としてその説話の構成や内容をよく理解できなかった、と私は考えている。

だからフロイトは、それに対して肯定も否定も、そしてクリティークさえもできず、沈黙するほかになかったのであろう。

このように、従来余り知られていなかった古澤平作の姿が徐々に明らかになってきている。彼を従来からのスタンダードな理解「古澤はフロイトの正統な継承者にして日本精神分析の父」であるという捉え方は、大きな曲がり角に来ているのではないだろうか。むしろ今さらながら、仏教者としての分析家・古澤が浮かび上がってくるのである。戦前から戦後にかけて昭和の時代に日本人として精神分析と格闘した生身の古澤平作は、古澤の第一世代の高弟たちがほぼ亡くなった現在においてこそ、ようやく等身大の人物として把握できるようになって来たのではないだろうか。

本書の最後に、現在私が知り得た限りの古澤の著作目録を付した。いままでまったくその存在を知られていなかったものも多く、今後はこれらを手がかりに古澤平作研究がさらに進展していくことを願っている。

解説〈2〉

# 仏教と精神分析への私の関心

クリストファー・ハーディング
［訳：生田 孝］

西洋においてフロイトは、かつて存在したもっとも偉大な宗教批判者の一人と考えられている。精神分析と精神療法を、キリスト教と仏教を含んだ宗教的伝統と一緒により広い文脈で統合しようとする試みは、われわれの時代ではよく知られたものとなっている。「マインドフルネス」文化の台頭は、二十一世紀初頭におけるそのような統合の主要な一例である。それは、出版ブーム、自主サークル活動、摂心〈心の散乱を摂《おさ》める精神修養〉、さらにはメディアがスピリチュアルな言葉と心理学の言葉をミックスさせて用いるやり方などをすべて含んだものから成り立っている。

しかし、ヨーロッパにおけるフロイトとその同時代人にとっては、精神分析と宗教を「統合すること」よりも、——宗教的感受性、希望、信念そして宗教儀式を、様々な種類の心理学的機能とその機能不全へと――還元《かんげん》しようとする考え方のほうが重要であった。宗教的な世界観と慣習の中から抜け出して人類は徐々に成長してゆかなければならないことを、フロイトは主張したのだが、彼の著作『幻想の未来』(Freud, 1927)が、これに対する古典的な著述となっている。

もちろん二十世紀中頃にはキリスト教のような宗教とフロイトの精神分析との間においてさえも、いくつかの和解と調停がなされた。しかしこれらの和解と調停は、精神分析的精神療法をまさしく一つのツールとして使おうとする試みなのであった。つまり、わかるためのツールとして、そしてパーソナルな生(lives)とスピリチュアルな生のレベルにおいて人びとをくじけさせているかもしれない内的な素材を取り除くツールとして、使おうとする試みなのであった。このことは、フロイトの心の理論あるいはパーソナリティ理論が含んでいる根本的な生物学的決定論と人生早期の決定論をすべて受け入れることとはまったく別のことであった。フロイトをラディカルな唯物論者とさえ言ってもよいだろうが、それは、他者があまりにも気難しく上品ぶっていてわれわれ自身やわれわれの文化を神の被造物とする帰結を引き出すことができない場合に、フロイトは喜んでそのように自認した、という意味においてである。

私が仏教と精神分析の関係に興味を持ったのは、ここにこそ、つまり仏教と精神分析という二つの極の間にこそ、探求されるべき興味深くかつ重要な領域が存在しているという感覚に由来している。しかし、宗教文化と精神療法文化をただ現代的にブレンドするだけでは、余りにも安易で、余りにも表面的で、そしてまさしく何ものをも生み出さないように感じられる。だから、精神分析と宗教がいかなる仕方で調和しうるのかについて、その現実的な困難が広く認められていたフロイトの時代に立ち向かった。そして、ヨーロッパにおける精神分析と宗教が論じられ、さらにヨーロッパとアジアの分水嶺を越えて、とりわけインドと日本における精神分析と宗教が論じられたのである。

この分水嶺に趣を添えるために、ここでフロイトとインドのある大学人との間の短い交流を提示したい。その人とは、カルカッタ大学のチャタジー（Suniti Kumar Chatterjee）であるが、彼は一九三〇年代にフロイトを訪ねて、そしてフロイトの唯物論について議論した。チャタジーは、のちに彼の日記にその日の出会いを以下のように記している。

私はフロイトに次のように言った。

私が理解する限りにおいて、あなたが創り上げた哲学の優れた学説の一つは、リビドーあるいは性衝動があらゆる芸術にそしてスピリチュアルな情熱に密接に結びついているということです。

〈そのときチャタジーは、あるインドの神秘家の手になる以下のような詩の一部を朗唱した〉

私は、以下のことをあがめたてまつります。至福と智恵そして最高の喜悦の精髄であるがゆえに至高存在であるゴビンダ（Govinda）あるいはヴィシュヌ（Vishnu）は、スマラ（Smara）の本質——性的衝迫——を取り込んでおり、このようにしてありとあらゆる被造物の精神の中に顕現しています。そして彼のこの活動／戯れを通じて、これらの世界すべてにおいて永遠に勝利し続けています。

その時に私はフロイトに次のことを尋ねた。

あなたはこれについて何か言うことがありますか？　私はあなたに率直に質

問をしたいのです。現実的なものとは何か、存在において永遠なるものあるいは永続的なものとは何か？ 人間の人生／生命／生活（life）は、現実とどのような関係があるのか？ あなたが到達した最終的結論とは何なのか？

フロイトは私に笑って、以下のように答えた。

この問題について私が考え抜いてきたことすべてから、あなたが語っている人間の人生／生命／生活と永遠なるものあるいは永続的なものとの間には、私は何の結び付きも見出しませんでした。この世においては死とともに、人間に関係するすべてのものは終わりを迎えます。私の力は、徐々に尽きて、そして最終的にはすべてが終焉を迎えます。

私は、

それにもかかわらず、芸術を真に理解する人は存在するのですか？

と尋ねた。するとフロイトは、次のように答えた。

芸術、美、喜び――これらすべては、身体を中心に集まっています。そして、私が考え抜いた結論は、死後には何も存在しない、ということです。

「私はわかっている、私は知っている」と言う人は、どのような人なのでしょうか？

すべては、情動的な人びとの自己欺瞞なのであり、そして想像力があるだけでそれ以外の何も持っていない人びとの自己欺瞞なのです。

私が感じていることは、もし人生において神秘主義と何らかの接触がないとしたら、もしこの見えない現実が現実化していることを何らかのかたちで感じ取ったり垣間見ることがないとしたら、人は本来あるべきように生きることができない、ということです。純粋な芸術、音楽は、人生／生命／生活（life）の背後にある神秘的存在への一瞥をわれわれの心にもたらしてくれます。

おそらくあなたは、周囲の人たちと同じように考えることに慣れていますね、あなたは、あたかも彼らの中の一人であるように話しています。これらすべては、われわれの情動が形を変えたもの〔に過ぎないの〕です。

これこそがラディカルな唯物論であった。そしてそれは、さまざまな宗教文化や精神療法文化を、たとえそれらが明らかに両立不可能であるとしても、等しく妥当なものとして人びとに受け入れさせることを今日では可能とする文化相対主義といったものを、明らかに拒絶することと結びついていた。フロイトの強硬な立場を認めるとしても、ここ数年来の私の問いは、以下の様なものである。一九三〇～五〇年代に活躍した古澤平作は、精神分析のパイオニアでかつフロイトの忠実な弟子であったが、そもそもいかにして浄土真宗の信者であると同時にフロイトの信奉者であることが可能なのであったのか、ということである。彼は、彼自身の根本存在について、そして自分を取り囲む世界について、何を信じていたのだろうか？――これらのことはどこに由来し、どこへ行くのか、そしてどんな意味を持っているのかについて、彼は何を信じていたのだろうか？　浄土真宗は、フロイトが記述した人間心理学といった種類のものに究極的には還元されるメタファーの集合なのだろうか？　あるいは、その逆なのだろうか？　つまり、フロイト心理学は、浄土真宗が記述している人間の不完全さを理解して対処する実践的・科学的・操作可能な方法をわれわれに与えてくれるのだろうか？　もし可能であるなら私は、チャタジーがフロイトにしたのと同じ質問を古澤にしてみたい。

つまり、

実在するものとは何か、存在において永遠なるものあるいは永続するものとは何か？　人間の人生／生命／生活とリアリティとはどのような関係があるのか？　あなたが到達した最終的結論とは何か？

と。

＊

古澤平作は、私が生まれる十年前の一九六八年に亡くなっている。しかし二〇〇七年に私は、彼の息子であり優れた心理学者である古澤頼雄氏にこの質問をする機会を得た。われわれは、古澤平作について暖かくて魅力的な会話をしたが、その際に頼雄氏は私の研究を大いに激励してくれた。しかし、仏教と精神分析、そしてそれらの両立可能性にかんする質問になると、われわれは壁にぶち当たってしまった。私は、仏教と精神分析が両立可能かどうかという問題をうまく説明する方法を見つけられなかったのである。

しかし二〇一二年に永尾博士と初めて会うことができたおかげで、私はわかり始めた。永尾博士は、私を生田孝博士と一緒に、ご自宅に招いてくださり、永尾博士の素晴らしい庭園を愛でながらわれわれは飲食を共にした。永尾博士は、古澤平作の思い出を語ってくれたが、それによって、古澤がどのような人間存在であり、そしてどのような精神分析家であったのかを、われわれはじかに知ることができた。たとえば、永尾博士があるときに分析の時間に遅刻したことがあり、そのことに彼は激怒したのだが、より重要であったのは、そのことが彼にインスピレーションを与えたことであった。のちに私は、古澤平作の孫とともに永尾博士を再訪する機会をえた。

永尾博士は、仏教と精神分析についての私の質問に耳を傾けてくれて、そして私に二つの決定的に重要なことを教えてくれたが――その両方ともが、言語に関することであった。私が永尾博士に出会う前には、仏教とフロイトの精神分析は世界を二つの根本的に異なった仕方で記述しているので、それらのうちのどちらか一方しか究極的には正しくないと私は仮定していた。このような考え方は、西洋哲学の伝統においては、私がいま上で簡潔に説明したとおり、問題を見るきわめて普通なやり方なのである。もし仏教の世界観が正しいなら、そのとき精神分析と精神療法は、心理学的レベルでわれわれの問題を克服し、そしてわれわれ自身を理解することを手助けしてくれる有用な手段となりえるであろう。しかし、これは偏った見方でしかないのであり、われわれにとって精神分析と精神療法はそれ以上のものなのである。仏教の世界観が正しいという理解の仕方によれば、精神分析あるいは精神療法は、究極的には仏教が記述する類の世界に「還元される」ことになる。あるいは逆に、もしフロイトの精神分析の世界観の方が正しいとするなら、そのとき仏教は観念と倫理的理想にインスピレーションを与えてくれるとしても――またしてもその種の「ツール（tool）」に過ぎないのであり――、輪廻転生や再生の語りは、いずれにせよメタファー的なものあるいは詩的なものとならざるをえない。この場合、仏教は究極的には精神分析に還元されてしまうのであって――精神分析は、われわれが知っているように（少なくとも、フロイトにとっては）さらに順に生物学、化学そして物理学へと還元されることになる。簡単に言えば、フロイトの精神分析と古澤平作がかかわった仏教という形式は、両方がともに文字通り真であるということはありえないことになる。

ここで「ツール」という言葉の私の使い方に注意してほしい。それは、何かを成し遂げるためにわれわれを手助けしてくれるアイデアや実践ではあるが、しかしそれ自身の本来的真理は限局されているのである。この「ツール」というアイデアは、仏教にもそして精神分析にも適用すべきではなくて、言語それ自身にこそ適用すべきであるということは、いままで私が考えつかなかったことであった。

おそらくこのことが、古澤頼雄氏が私の疑問を理解しなかった理由であろう。つまり彼は、私の高慢な言語観を共有しておらず――そしておそらくは、彼の父親もまたそれを共有していなかったと思われる。永尾博士は、親鸞と近代の仏教思想家である金子大榮の両方に依拠して、「あれかこれかでもなく、イエスかノーでもなく、あるのかないのかでもない」という仕方で私に説明してくれた。言語と論理は、この種の二元論を要求するが、しかし言語と論理それ自身はたんなる道具にしか過ぎない。つまり、両者は何らかの仕事をする際には都合が良いとしても、両者が真理を充分に含んでいると期待するような誤解をわれわれはすべきではないのである。さもないと、人間の一つの能力である言語を信じることは、高慢さと思い違い、つまり自力といったものに屈服してしまうことになる。古澤は学生時代にその自力に反対する論陣を張っていたが、その際学友との討論の場ではいつも他力の立場に拠っていたと伝えられている。

＊＊

永尾博士が最初に私に教えてくれたことは、二元論的な心にとっては、つまりわれわれの存在を充分に言葉で言い表すことができると期待する心にとっては、仏教と精神分析がいつも両立不可能であるように見えるということであった。このことは、仏教と精神分析の関係が単純であるということを意味しているのではなくて、――それどころか（すぐ後でこのことに立ち戻るが）――一方が他方に究極的には還元されるという仕方で両者が単純に比較できるというわれわれの期待は放棄されるべきである、ということを意味している。言い換えれば、一方が最終的には他方より優れているに違いないという確信を、われわれは放棄しなければならないことを意味しているのである。

私が永尾博士から学んだ二つ目のことは、古澤平作にとって仏教と精神分析はまず何と言っても生き方であったということである。古澤にとって両者に共通の目的は、人びとにわかることを手助けすることであった。つまり人びとの人生／生命／生活を曇らせ傷つけている欠陥と欺瞞を、できる限りはっきりとわかるように援助することであった。欠陥と欺瞞の中でも最悪の一つは、われわれが本当に誰にも依存していない行為者であるという欺瞞である。古澤は、われわれがそのような行為者ではないと考えた。だからその代わりに、精神分析が達成しようとしていることは、われわれはまさしく深いレベルでは他者の創造物（creation）であるという理解である、と古澤は考えた。つまり、われわれは何よりも先ず、フロイトがそれについては多くを語らなければならなかった人生早期における父母との相互作用と関係した家族の創造物なのであり、もっと広く取れば友人と社会の創造物なのである。古澤の赤面恐怖についての研究は、彼の関心がこの辺りにあったことを示している。最後に、そしてもっとも根本的には、われわれは他者の力の働きの創造物であると、古澤は考えた。実際、われわれ自身について知れば知るほど、ますますわれわれという存在のまさにその根源にわれわれは他者の力を見てしまうのである。古澤は、何世紀も前に親鸞がこの洞察を得ていたと信じていた。そして古澤の時代における精神分析の仕事は、この洞察を普通の人びとに対して現代科学の理論と技術を用いてより簡単に得られるようにすることであると、古澤は信じていた。

古澤平作のほぼ同時代人である詩人甲斐和里子（一八六八―一九六二）の二行詩（甲斐、一九三六）がこのことをうまく表現している。

御仏をよぶわがこゑは御仏の
われをよびます御声なりけり

私が永尾博士の家を訪れたときに彼は、この詩人の言葉に触発されて根本的な主観性の変容を彼自身がどのように体験したのかという話をしてくれた。この体験を古澤に話すと、古澤はそれを聞いて大いに喜び、これこそが精神分析の頂点であり、それなくして精神分析は豊かになることはできないと述べた。のちに私は、古澤平作がアメリカの精神科医メニンガー（Karl Menninger）に宛てた手紙を発見したが、その中で古澤は、当時（一九五〇年代早期に）日本において、精神分析で「生計を立てている」――専門家として精神分析を実践しているのみならず、精神分析を生きている――唯一の人間であるという、打ち明け話を書いている。こう述べることで、彼は――自分自身と世界についての――明確な自覚を持って生きようとしていたのであった。そして彼は、分析を受けたことのある人、自分の夢が気になる人、一種の一人精神分析的な自己反省をおこなったことのある人に、精神分析が適用可能であると考えていた。古澤は、のちにその種の自己反省を、彼の「通信分析」――手紙のやり取りによる精神分析――という革新的な実践の中心に据えた。

上に述べた詩人の言葉に関する一つの究極的反省を示してみよう。私にとって詩人の言葉は、それがわかるようになるにつれて、われわれの自己の奥底にある魅了する性質と同時に気力を失わせる性質が結び付いていることを示している。つまり自己の奥底は、われわれにとっては親密であると同時に、しかし奇異でもある。かくしてこのことは、精神力動理論の便利な簡略化であるようにも見えるが、その理論は、われわれが日々意識している自己よりもはるかにそれ以上の存在なのである、というすばらしいことを教えてくれる。もし言葉が、甲斐和里子のような詩人やフロイトのような分析家の掌中にあったとしても、このことをつまり真の親密さと真の奇妙さを暗示することさえできるなら、その時に古澤が理解したことは、実際に仏教や精神分析を理解するためには言語を越えた飛躍が必要となるということであることが、われわれには明らかになるであろう。

＊＊＊

仏教が精神分析に還元されるか、あるいはその逆かどうかに悩むことは、私の誤りであったとすでに述べた。永尾博士が私にその理解の手助けをしてくれたが、これは、古澤平作がこれら二つの体系の間の関係性について考えたような仕方ではない。このエッセイの第三部で、私は、仏教と精神分析との間の関係性についてさらにいくつかの考えに言及したい。われわれは、両者が人間の根本的な弱さと同時に明識力（virtue of clear seeing）を前提にしているということを、すでに確認した。しかし、この明識が簡単には得られないこともまたわれわれは知っている。つまり、われわれの現在の状態は、われわれが自分だけで克服できる状態なのではなくて、むしろ（精神分析の）分析過程や（仏教の）力の働きを引き起こす人間同士の出会いによってもたらされている状態なのである。そしてわれわれが最終的に見出したことは、言語のレベルで仏教と精神分析との間の包括的な両立可能性を打ち立てようとするなら、われわれは両方の体系の核心を見失ってしまうであろう、ということである。

しかし、最近数十年の研究が示しているように、特定の論点においては言語のレベルで実際に仏教と精神分析との間で対話が可能であるということも、また正しい。かつて古澤は、――メニンガーがキリスト教と精神分析について書いたことに刺激されて――いつの日か仏教と精神分析が彼の人生の中でどのように調和しあっているのかということについて同じように書いてみたいと、メニンガーに手紙を書いた。古澤は、結局一度もそれについては書かなかったと思われるが、しかし当時のいくつかの研究が、彼を刺激したであろうと私は考えている。それらの多くはフロイトの宗教への関心について述べているものである。エプスタイン（Epstein, 1995）、サフラン（Safran, 2005）、エングラー（Engler, 2005）らによる研究に基づいて、私はとりわけ以下においてエゴと欲望という二つのテーマに焦点を当てたい。

少なくとも西洋において、「エゴ」をどのように考えるかをめぐって大きな混乱が存在している。強いエゴを持つことは、良いことなのだろうか、悪いことなのだろうか？われわれはエゴを排除すべきなのだろうか、あるいは少なくとも周辺化すべきなのだろうか？ここでは仏教と精神分析はともに共通の何かを分かち合っているように考えられる。つまり両者の理解によれば、エゴの形成は複数の状態の相互作用の結果として生じるのであり、われわれが成長するとともに、われわれが体験する感覚形成と情動形成の渦の中で現象学的にはある種の「自己」を認識することを学んでゆくことになる。この「自己」は、さらにわれわれの周囲にあるあらゆる種類の物理的かつ社会的条件によって影響を受けている。仏教と精神分析が違ったもののように見えるのは、その場合精神分析が、深層の欲望からの欲求と、超自我からの欲求と、そしてわれわれを取り巻く社会すべてからの要求と張り合うことに直面しながら、このエゴを形成しそして強化しようとしているのであるが、逆に仏教では強い自我を持つことは悪いことであるかのように思われているからである。

エングラーは、この場合、われわれが思っているほどに問題があるわけではないと言っている。つまり、統合された強いエゴはすでに本来のあるべきところにあり、そして、統合された強いエゴはどのような態度をわれわれがエゴに対して取るべきかということをわれわれに示すことに専念していると仏教は仮定している、というのである。仏教にとっては、精神分析が勧めているような仕方で、このエゴをいつも対象として受け取ることを認める必要はないのであり、そのかわりにわれわれは、この種の二元論（エゴを観察するエゴ）的なパースペクティブを越えて外部へと開かれた健全で機能的なエゴを持つことができる。精神分析を目標に到達する手段と見ることで、古澤は同じ意見を持っていたと私は考えている。つまり、統合されたエゴを形成する際における さまざまな発達上の失敗を克服する手助けすることで、このエゴは、浄十真宗の言葉を使うなら、古澤が信心——心からお任せすること——と呼んでいることが起きるための媒介となりえるのである。うまく統合されたエゴを持つ人は、自分の主観性が、その深みにおいて自己へと開かれているのではなくて（つまり、エゴはみずからをたんに対象と見なすのではなくて）、他者へと開かれているということが見て取れるようになる。精神分析は、この種の主観性という真なる体験を、似たように見えるかもしれないが、しかしいくつかの機能性精神病でそうであるように、精神分析の言葉でいえばより不完全なエゴの統合に関わっているものから区別する際に、手助けとなる。

仏教と精神分析におけるこのような「エゴ」の理解の仕方はもっともなのではあるが、実践においてはどのような役割を演じているのであろうか？　英語圏では「エゴ」の内包する意味は非常に多種多様である。「エゴ」は、もっともしばしばプライドの同義語であり、そして人びとや対象そして世界の出来事を求めると同時に恐れているわれわれの部分の同義語でもある。どこか彼方にある「本当の自己」と対比的に、「偽りの自己」としてエゴについて語ることもよくある。その結果、混乱が生じている。もっと成熟したエゴを求めるべきなのか、もっと豊かなエゴを求めるべきなのか？　エゴは消え去ることが望ましいのか？　エゴとともに生きるべきだとしても、あまり深刻に考えなくてもよいのだろうか？　言語についての混乱が、宗教的生活やスピリチュアルな生活が何を目指しているのかということについての混乱にすぐなってしまうのである。

しかし、ここにおいてこそ、仏教と精神分析の協力が――あるいは実際に何らかの宗教的伝統と何らかの精神療法との協力が――もっとも豊かな稔りをもたらすのであると期待することができよう。われわれがバカなまねをしないように、できるだけ正確にわれわれの欲望を理解することを手助けしてくれる場合がそうである。エングラーは、優れた例をあげているが、そこで彼は「無我」のような仏教の考えは、精神療法の言葉で何が発達段階における課題なのかということを無視することにお墨付きを与えるものではない、と言っている。言い換えれば、自分自身と世界を究極的に「無我」の言葉で理解したとしても、どのように成長するか、どのように人びとと関係するか、どのように責任を担うか等々を学ぶ必要がある人間が依然としてここには存在するということである。「知の光に照らされること」は、達成されるべきあるいは所有されるべき何かのような、自分の尊大さを維持し続けることであってはならない。「空」は、感情の欠如を感じることが私にとって正常であるということを意味しているのではない。そして「とらわれないこと」は、他者との親密な関係を避けることが私にとって正常であることを意味しているのではないのである (Engler, 2005)。

＊＊＊＊

私が永尾博士に出会ったときに学んだことは、言語は少なくとも二つの仕方で危険を招来しうるということであった。まず、言語がわれわれを取り巻く世界を正確にそして完全に表象／代理していると考える罠に落ちる可能性があることである――もしそうならば、仏教と精神分析がともに「真」であることはありえない。二番目に、言語は、それが不適切に使われるなら、宗教的生活とスピリチュアルな生活における混乱とさまざまな形の現実逃避の温床になりえるということである。間接的ではあるとしても、もっと重要であったのは、永尾博士から発せられた親切心と善良さから、彼の姿の中に存在の喜びを知ったことであった。それが、仏教と精神分析によってかたちづくられた人生の果実であるとするなら、そこにこそ両者の真価を見ることは難しくないであろう。

## ◆文献


土居健郎（一九八〇）「古沢平作と日本的精神分析」精神分析研究、二四（四）二二九-二三一頁

土居健郎（一九七一）『「甘え」の構造』弘文堂

土居健郎（二〇〇〇）『土居健郎選集（全八巻）』岩波書店

Engler, J. (2003) Being Somebody and Being Nobody : A Reexamination of the Understanding of Self in Psychoanalysis and Buddhism. In: Safran (2005), pp.35-79.

Espstein, E. (1955) Thoughts Without A Thinker : Psychotherapy from a Buddhist Perspective. Basic Books, New York.

Freud, S. (1927)「幻想の未来」吉田正己・土井正徳訳（一九五四）『フロイド選集　第八巻』日本教文社

Freud, S. (1992) The Diary of Sigmund Freud 1929-1939. A Record of the Final Decade, The Freud Museum, London.

Harding, C. (2008) Religious Transformation in South Asia: The Meanings of Conversation in Clonial Punjab. Oxford University Press, Oxford.

Harding, C. (2009) Sigmund's Asian Fan-Club? The Freud Franchise and Independence of Mind in India and Japan. In: Clarke, R. (ed.) Celebrity Colonialism: Fame, Power and Representation in Colonial and Postcolonial Cultures. Cambridge Scholars Press, Newcastle-upon-Tyne.

Harding, C. (2012) Couched in kindness. Aeon Magazine; available at: http://www.aeonmagazine.com/worldviews/christopher-harding-psychoanalysis-buddhism/（二〇一六年二月参照）

Harding, C. (2013) The therapeutic method of Kosawa Heisaku: 'religion' and 'the psy disciplines'. In: Ogawa T. (ed.) Japanese Contributions to Psychoanalysis, Vol. 4, pp.151-168, The Japan Psychoanalytic Society, Tokyo.

Harding, C. (2014) Japanese psychoanalysis and Buddhism: the making of a relationship. History of Psychiatry, 25 (2) ; 154-170.

Harding, C. (2015) Religion and psychotherapy in modern Japan : a four-phase view. In : Harding, H., Iwata, F., Yoshinaga, S. (Ed.) Religion and Psychotherapy in Modern Japan. pp.25-50, Routledge, London and New York.

生田孝（二〇一一）『語り・妄想・スキゾフレニア――精神病理学的観点より』金剛出版

生田孝（二〇一四）「古澤平作の学位論文「精神乖離症性幻視ニ就イテ」（昭和八年）」精神医学史研究、一八、八八‐一〇二頁

生田孝（二〇一五）「古澤平作のドイツ語訳「阿闍世コンプレックス」論文をめぐって」精神医学史研究、一九、四五‐六〇頁

生田孝（二〇一六ａ）「古澤平作における「仏教精神分析」について」日本病跡学会雑誌、九一、二〇‐三〇頁、二〇一六

生田孝（二〇一六ｂ）「古澤平作――永尾雄二郎――金子大榮：精神分析と仏教をめぐって」精神医学史研究、二〇（二）、印刷中

岩田文昭（二〇一四）「宗教と精神分析――古澤平作と阿闍世コンプレックス」『近代青年と仏教――近角常観とその時代』一二一‐一五七頁、岩波書店

甲斐和里子（一九三六）『草かご』真宗学研究所

金子大榮（一九一九）『仏教概論』岩波書店

金子大榮（一九三一）『〈校注〉歎異抄』岩波文庫
金子大榮（一九三四）『仏教の諸問題』全人社
金子大榮（一九四三）『親鸞教の研究』第一書房
金子大榮（一九四七）『弟子の智恵』全人社
金子大榮（一九五六-六一）『金子大栄選集 二十巻 続巻三巻』在家仏教協会
金子大榮（一九七一-七七）『金子大栄講話集』法蔵館
金子大榮（一九七二-七四）『金子大栄随想集』雄渾社
金子大榮（一九七七-八六）『金子大栄著作集 十二巻 別巻四巻』春秋社
狩野力八郎（二〇一二）「古澤平作」『現代精神医学事典』三三七頁、弘文堂
北山修〔編著〕（二〇一一）『フロイトと日本人——往復書簡と精神分析への抵抗』岩崎学術出版社
古澤平作（一九三一）「精神分析学上より見たる宗教」艮陵（東北帝国大学医学部艮陵会機関誌）第八号（昭和六年六月十五日）（一九三一 a）
古澤平作（一九三三）「精神乖離症性幻視ニ就イテ（主論文および参考論文其一～其五）」東北帝国大学医学部学位論文（第三〇二号）（一九三三 a）
古澤平作（一九三四）「精神分析療法に対する二三の自解」精神分析、二（一）七-一一頁（一九三四 a）
古澤平作（一九三九）「フロイド先生の遠逝を悼む」東京医事新誌、三一五五、二五六六-二五六九頁（一九三九 e、一九五四 b、一九五七 h）
古澤平作（一九五三）「あとがき」『フロイド選集第三巻 続精神分析入門』二八七-三〇二頁、日本教文社（一九五三 f）
古澤平作（一九五八）『精神分析学理解のために』日吉病院精神分析学研究室出版部（一九五八 a）
古澤平作（一九六三）「お差支えなし、御注文なし」精神科学、一七（九）五-六頁（一九六三 b）

Moloney, J. C. (1953) Understanding the paradox of Japanese psychoanalysis. International Journal of Psycho-analysis. 34; 291-303.

永尾雄二郎（一九九八）『聞思の人生――金子大榮先生を偲ぶ』法藏館

永尾雄二郎、クリストファー・ハーディング、生田孝（二〇一五ａ）「鼎談 仏教精神分析〔1〕」精神療法、四一、三八五-三九五頁

永尾雄二郎、クリストファー・ハーディング、生田孝（二〇一五ｂ）「鼎談 仏教精神分析〔2〕」精神療法、四一、五四七-五五六頁

永尾雄二郎、クリストファー・ハーディング、生田孝（二〇一五ｃ）「鼎談 仏教精神分析〔3〕」精神療法、四一、七一五-七二四頁

西田幾多郎（一九一一）『善の研究』岩波書店

西田幾多郎（二〇〇二-〇九）『新版 西田幾多郎全集』岩波書店

小此木啓吾（一九七〇）「日本的精神分析の開拓者古沢平作先生」精神分析研究、一五（六）一-一五頁

小此木啓吾（一九七九）「古沢平作 日本の精神医学１００年を築いた人々⑨」臨床精神医学、八（七）八一一-八二〇頁

小此木啓吾・北山修〔編〕（二〇〇一）『阿闍世コンプレックス』創元社

Safran, J. (2003) Buddhism and Psychoanalysis : An Unfolding Dialogue. Wisdom Publishers, Somerville.

瀬戸内寂聴（一九八五）『私小説』集英社

瀬戸内寂聴（二〇〇五）『五十からでも遅くない』海竜社

親鸞（一二二四）『顕浄土真実教行証文類（教行信証）』

鈴木大拙（一九一六）『禅の研究』丙午出版社

Suzuki, D. T. (1957) Mysticism. Christian and Buddhist. The Eastern and Western Way. Macmillan.

鈴木大拙（一九九九–二〇〇三）『鈴木大拙全集 増補新版』岩波書店
武田專（一九九〇）『精神分析と仏教』新潮社
柳宗悦（一九五五）『南無阿弥陀仏』大法輪閣

## ［古澤平作 著作目録］

従来より，古澤は「論文執筆には控えめ」（狩野, 2011）で寡作であったために，その著作は多くないとされてきた。実際，初めて小此木が収録した著作リスト（小此木, 1970）ではわずか20編弱しかあげられておらず，雑誌名や発行年，号数などの誤りも散見される。しかもこれらの誤りは，ほとんど訂正されずに引き継がれている（小此木, 1979）。しかしながら，著者（生田）が調べたところ，執筆したものがかなり存在することが判明した。

古澤の執筆活動は，当時の日本神経学会（現在の日本精神神経学会の前身）で発表された口演抄録が掲載された1927年（29歳）から始まる。それ以後，1932年のウィーン留学期間と第二次世界大戦前後および脳卒中の罹患後しばらくの期間を除けば，かなり旺盛に執筆していたことが判ってきた。1933年に学位論文を書くが，1939年の「医事公論」に4回にわたって連載された「精神分析学治療の実際」は，彼の初期の分析治療をかなり詳しく論じているが，従来知られていなかったものである。戦争をはさんで8年間の中断のあと再び1949年から執筆が開始されたが，それが小学館の子ども雑誌「小学一年生」で母親向けの教育相談であったことは，興味深い。敗戦後の新世代に希望を託そうとしたのであろうか。再び本格的な執筆は，1950年からこ

れも時宜にかなったアメリカ発のメニンガー三部作の翻訳に監修者として寄せた言葉から始まっている。1952年には，精神分析学会の前身となる精神分析研究会が発足し，その会誌「精神分析研究会々報」も発刊され，それが現在の精神分析学会の機関誌「精神分析研究」に移行して現在にいたっているが，この両誌に古澤は会の代表そして学会会長として，1952年から1956年までにいくつか寄稿している。1952年の「東京医事新報」に連載した「精神分析の理解のために」は，さらに書き加えられて生涯で唯一の単著『精神分析学理解のために』（1958）にまとめられた。1954年からは，小此木に対する古澤のスーパービジョンが小此木の手によって共著として連載された。1957年に古澤は脳卒中で倒れたために，1959年から1961年までの3年間は再び執筆が途絶えた。しかし，谷口雅春が創始した「生長の家」の機関誌の一つである「精神科学」に1962年から1965年の4年間に随筆を14編も寄稿している。この雑誌に古澤は，谷口との関係が良好であった1950年に3編寄稿していたが，のちに喧嘩別れをしたことは，本書でも触れられている通りである。しかし，谷口と絶縁したあとでも，その機関誌に古澤がまた寄稿していたことはとても興味深い事実である。

ここに収録したものは，120編余にものぼるが，まだ遺漏があると思われる。もしそれらに気付かれた方は，是非ともお教えいただきたい（生田宛　ikuta@sis.seirei.or.jp）。

1927 —— a) 赤面恐怖ノ精神分析例．神経学雑誌，27 (9)；605.
1928 —— a) 洗浄癖ノ精神分析一治験例．神経学雑誌，29 (3)；262.
b) 或強迫観念ノ成因トソノ心的構造．神経学雑誌，29 (3)；262-263.
c) エディプス複合体ヲ内容トスル定型夢ヲ最後トシテ治癒セル強迫観念性神経症ノ分析例．神経学雑誌，29 (3)；263-264.
d) 如何にして精神分析学を理解すべきか——附 無意識界とは何か．脳，2 (8)；50-57.
1929 —— a) 強迫観念性神経官能症及ビ赤面恐怖症ノけるんこんぷれっくすニ就キテ．神経学雑誌，30 (8)；530-531.
b) えでぃぷす複合体ニ関ル一考察．神経学雑誌，30 (8)；531.
c) 精神分析夜話．脳，3 (8)；104-111.
1930 —— a) 精神分析積極療法．神経学雑誌，31 (9)；685.
1931 —— a) 精神分析学上より見たる宗教．良陵（東北帝国大学医学部良陵会機関誌）第8号（昭和6年（1931）6月15日）pp.7-8.
b) 精神科領域に於けるヤクリトン療法（第一回報告）ヤクリトンとBuscaino尿黒色反応．治療及處方，第12巻第四冊；905-909.
1932 ——— 〔ウィーン留学，フロイトに提出した阿闍世コンプレックスのドイツ語論文？〕
1933 —— a) 精神乖離症性幻視ニ就イテ（主論文，参考論文其一～五）．東北帝国大学医学部学位論文（第302号），昭和8年7月10日.
b) Eine Schizophrene Gesichtshalluzination. Internationale Zeitschrift für Psychoanalyse, 19 ; 434-439.
c) 交互性性格神経症と症状神経症Alternierende Charakter-und Symptomneurose．東北帝大医学部精神病学教室業報第II巻第1及び2号（昭和8年6月），2 (1/2)；1-20.
d) 強迫神経症に見られたる魔術的身振に就いてMagische Mimik bei einer Zwangsneurose．東北帝大医学部精神病学教室業報第II巻第1及び2号（昭和8年6月），2 (1/2)；21-32.
e) 所謂神経衰弱症の精神分析Psychoanalyse einer sogenannten Neurasthenie．東北帝大医学部精神病学教室業報第II巻第1及び2号（昭和8年6月），2 (1/2)；33-46.

f) 最近の精神分析学展望．科學畫報，21 (5)；580-583.
g)〔記者：探訪（二）古沢博士の診療所．精神分析，1 (7)；111-113.〕

1934 —— a) 精神分析療法に対する二三の自解．精神分析，2 (1)；7-11.
b) 総説 児童期の精神発達に関する精神分析的考察．児童研究，37 (7) (436)；215-224.
c) 精神分析より見たる変態心理．科学画報，22 (10)；547-549.

1935 —— a) 精神分析学上より見たる二つの宗教．精神分析，3 (2)；118-127.
b) Zwei Arten vom Schuldbewusstein-Oedipus und Azase. 精神分析，3 (2)；127-139.
c) 青春期病．青春期精神分析講座 (2)．科學画報，23 (5)；88-90.
d) 古澤平作：変質者とはどんなものか．婦女界，52 (7)；314-318, 1935.

1936 —— a) 古澤平作：阿部定事件で考へさせられたこと．婦女界，54 (1)；206-208.
b) 診療雑録60 離乳の性＝心理的意味．診断と治療，23 (3) (265)；455-456.
c) 回顧一昔．丸井教授御開講拾五年記念謝恩会会報．pp.55-56, 東北帝国大学医学部精神病学教室同窓会、仙台.

1937 ——

1938 —— a) 古澤平作（編）：或る神経質患者の治療遍歴．精神分析，6 (10)；43-79.

1939 —— a) 精神分析学治療の実際．医事公論，No.1408（昭14.7.22），pp.4-6.
b) 精神分析学治療の実際（二）．医事公論，No.1410（昭14.8.5），pp.4-6.
c) 精神分析学治療の実際（三）．医事公論，No.1411（昭14.8.12），pp.4-8.
d) 精神分析学治療の実際（完）．医事公論，No.1412（昭14.8.19），pp.13-14.
e) フロイド先生の遠逝を悼む．東京医事新誌，No.3155（昭14.

10.7）, pp.2566-2569.［▶1954b, 1957h］

f）精神分析学界の近況．日本医事新報，第894号（昭14.10.28），pp.10, 13.［▶1953d, 1956e］

1940 —— a）愛情の病理．教材社編集部 編集 愛情の思索．pp.123-144, 教材社．

b）神経衰弱．三笠書房編：学生教養講座第1巻．pp.277-286, 三笠書房．

c）精神分析の功績．特別課題 精神分析に就て．日本医事新報，第926号（昭15.6.8），pp.47-48.

1941 ——

1942 ——

1943 ——

1944 ——

1945 ——

1946 ——

1947 ——

1948 ——

1949 —— a）愛児の教育相談．小学一年生，5（6）；42-43.

b）愛児の教育相談．小学一年生，5（7）；50-51.

c）愛児の教育相談．小学一年生，5（8）；51-52.

1950 —— a）監修者はしがき．カール・A・メニンジャー著（古澤平作監修，草野栄三良訳）人間の心，上．pp.1-3，日本教文社．

b）精神分析に就いて．精神科学，4（4）（通巻32）；12-17.

c）精神分析と生活改善．精神科学，4（6）（通巻34）；12-17.

d）アメリカ精神医学界の第一人者．精神科学，4（9）（通巻37）；26-31.

e）愛児の教育相談．小学一年生，5（10）；61.

f）愛児の教育相談．小学一年生，5（11）；61.

g）愛児の教育相談．小学一年生，5（12）；70.

h）愛児の教育相談．小学一年生，6（1）；69.

i）愛児の教育相談．小学一年生，6（2）；77.

j）愛児の教育相談．小学一年生，6（3）；85.

k）愛児の教育相談．小学一年生，6（4）；89.

l) 愛児の教育相談 他人の物を欲しがる子ども．小学一年生, 6 (5)；101.
m) 愛児の教育相談 みみだれの手当．小学一年生, 6 (6)；97.
n) 愛児の教育相談 一人子であき易い子供．小学一年生, 6 (7)；97.
o) 愛児の教育相談 どもりの子供の扱い．小学一年生, 6 (8)；97.
p) 愛児の教育相談 第一音を長くする子供．小学一年生, 6 (9)；101.

1951 —— a) 監修者のことば．カール・A・メニンジャー著（古澤平作監修, 草野栄三良訳）人間の心, 下．pp.1-3, 日本教文社．
b) 監修者のことば．カール・A・メニンジャー著（古澤平作監修, 草野栄三良訳）愛憎．pp.1-5, 日本教文社．
c) 愛児の教育相談 教室で口がきけない子供．小学一年生, 6 (10)；98.
d) 愛児の教育相談 年下の子供とのみ遊ぶ子供．小学一年生, 6 (11)；94.
e) 愛児の教育相談 内べんけいのこども．小学一年生, 6 (12)；112-113.
f) 愛児の教育相談 早教育について．小学一年生, 6 (13)；113.
g) 愛児の教育相談 長男の入学について．小学一年生, 7 (1)；92-93.
h) 愛児の教育相談 乱暴に変わったこども．小学一年生, 7 (2)；3-4.
i) おかあさまの教育相談．小学一年生, 7 (5)；86.

1952 —— a) 監修者のことば．カール・A・メニンジャー著（古澤平作監修, 草野栄三良訳）おのれに背くもの, 上．pp.4-7, 日本教文社．
b) 会報発刊に当りて．精神分析研究会々報, No.1, p.1.
c) 文献紹介——1951年度精神分析季刊を読みて．精神分析研究会々報, No.1, p.6.
d) 精神分析の理解のために（一）．東京医事新誌, 69 (1)；62-64.
e) 精神分析の理解のために（二）．東京医事新誌, 69 (2)；126-128.
f) 精神分析の理解のために（三）．東京医事新誌, 69 (3)；192-

194.

g) 精神分析の理解のために（四）．東京医事新誌, 69 (4)；258-261.

h) 精神分析の理解のために（五）．東京医事新誌, 69 (5)；316-321.

1953 —— a) 巻頭の辞．精神分析研究会々報, II (1)；1-3.

b) 吾ら等の喜び――フロイド先生の誕生日に思う．精神分析研究会々報, II (5)；1-2.

c) 土居君の追記の追記．精神分析研究会々報, II (7)；9-10.

d) 精神分析学界の近況．精神分析研究会々報, II (9)；1-5. [◀1938f, ▶1956e]

e) 出席会員の「質」の変化に応じて．II (11)；1-3.

f) あとがき．フロイド選集第3巻古澤平作訳：続精神分析入門. pp.287-302, 日本教文社．

g) 精神分析の話．日置昌一著・サンデー毎日編：ものしり試合：日置昌一対談集．第11回, pp.135-147, 現代思潮社．

1954 —— a) 罪悪意識の二種（阿闍世コンプレックス）．精神分析研究, 1 (4)；5-9.

b) フロイド先生の遠逝去を悼む．精神分析研究, 1 (6)；8-12. [◀1939e, ▶1956h]

c) 小此木啓吾：監督教育Supervisionとしての統制分析Control-analysisの一症例の報告（その一）．精神分析研究, 1 (8･9)；7-17.（小此木啓吾の単著となっている）

d) 古澤平作, 小此木啓吾：監督教育Supervisionとしての統制分析Control-analysisの一症例の報告（その二）．精神分析研究, 1 (10) :3-13.

e) 古澤平作, 小此木啓吾：監督教育Supervisionとしての統制分析Control-analysisの一症例の報告（その三）．精神分析研究, 1 (11)；1-20.

f) 古澤平作, 小此木啓吾：監督教育Supervisionとしての統制分析Control-analysisの一症例の報告（その四）．精神分析研究, 1 (12)；5-18.

1955 —— a) 性格は改造できるか．中学コース, 7 (1)；126-129.

b) 1955年の年頭に際して．精神分析研究, 2 (1)；1-2. [▶1956i]
c) 古澤平作, 小此木啓吾：監督教育Supervisionとしての統制分析Control-analysisの一症例の報告（その四）．精神分析研究, 1 (12) : 5-18.
d) 古澤平作, 小此木啓吾：監督教育Supervisionとしての統制分析Control-analysisの一症例の報告（その五）．精神分析研究, 2 (1)；12-16.
e) 古澤平作, 小此木啓吾：監督教育Supervisionとしての統制分析Control-analysisの一症例の報告（その六）．精神分析研究, 2 (2)；7-12.
f) サイバネティクスと精神分析療法．精神分析研究, 2 (3)；8.
g) 古澤平作, 小此木啓吾：監督教育Supervisionとしての統制分析Control-analysisの一症例の報告（その七）．精神分析研究, 2 (3)；10-16.
h) 古澤平作, 小此木啓吾：監督教育Supervisionとしての統制分析Control-analysisの一症例の報告（その七続）．精神分析研究, 2 (4)；16-17.
i) 新潟グループ特集について．精神分析研究, 2 (5)；1.
j) 日本精神分析学会設立に就いて．精神分析研究, 2 (6)；1.
k) 古澤平作, 小此木啓吾：監督教育Supervisionとしての統制分析Control-analysisの一症例の報告（その七続）．精神分析研究, 2 (6)；15-18.
l) 会長挨拶．精神分析研究, 2 (11)；4-5.
m) 閉会の辞．精神分析研究, 2 (11)；15.
n) フロイド, ミュージアム設立基金募集について．2 (11)；18.

**1956** —— a) 第二号を編集して．精神分析研究, 3 (2)；1.
b) 第三号を編集して．精神分析研究, 3 (3)；1.
c) マーク試案について．精神分析研究, 3 (3)；17.
d) 第四号を編集して．精神分析研究, 3 (4)；1.
e) フロイド生誕100年記念号を編集して．精神分析研究, 3 (5)；1.
f) フロイド先生との最初の会見．精神分析研究, 3 (5)；1-2.
g) 精神分析学界の近況．精神分析研究, 3 (5)；4-7. [◀1939f,

1953d〕

h）フロイド先生の遠逝を悼む．精神分析研究, 3（5）；8-12.〔◀1939e, 1954b〕

i）1955年の年頭に際して．3（5）；14-15.〔◀1955b〕

j）本部フロイド生誕百年祭に呼応して．精神分析研究, 3（5）；18.

k）第七, 八合併号を編集して．精神分析研究, 3（7）；1.

l）第二回日本精神分析学会総会準備号兼フロイド教授生誕百年記念特集第二号を編集して．精神分析研究, 3（9・10）；1.

m）フロイド教授を偲ぶ．精神分析研究, 3（11・12）；10-12.

1957 —— 〔8月, 古澤脳卒中で倒れる〕

1958 —— a）精神分析学理解のために．日吉病院精神分析学研究室出版部, 横浜.

b）訳者あとがき．フロイド選集第15巻．古澤平作訳：精神分析療法．pp.411-426, 日本教文社.

c）発刊の辞．精神分析学のすゝめ．No.1, 日吉病院精神分析学研究室出版部, 横浜.

d）続精神分析入門あとがき．精神分析学のすゝめ．No.1, 日吉病院精神分析学研究室出版部, 横浜.

1959 ——

1960 ——

1961 ——

1962 —— a）人間の回復．精神科学, 16（1）（通巻173）；3-4.

b）凡愚の道．精神科学, 16（3）（通巻175）；2-3.

1963 —— a）小さな親切について．精神科学, 17（8）（通巻192）；1-2.

b）お差支えなし, 御注文なし．精神科学. 17（9）（通巻193）；5-6.

c）「榴山節考」を繞る一考察．精神科学, 17（10）（通巻194）；5-6.

d）家康と「堪忍」．精神科学, 17（12）（通巻196）；5-6.

1964 —— a）ケネディ前大統領と聖徳太子．精神科学, 18（2）（通巻198）；6-7.

b）本能寺の変．精神科学, 18（4）（通巻200）；6-7.

c）観音信仰について．精神科学, 18（6）（通巻201）；6-7.

d) 大工禅勝．精神科学, 18 (8)（通巻204）；5-6.
e) 鑑真と秀吉．精神科学, 18 (10)（通巻206）；6-7.

1965 —— a) 平和の使徒クーベルタン．精神科学, 19 (1)（通巻209）；7-9.
b) 仏陀と提婆．精神科学, 19 (4)（通巻212）；6-7.

1966 ——

1967 —— a) 仏像のある書斎〈フロイド〉20世紀の巨星30人会見記．文藝春秋 (昭和42年, 5月号), pp.117-119. (目次では「仏像のおかれた書斎」という表題になっている)

1968 —— 〔8月逝去〕

◆著者略歴

## 永尾雄二郎

一九二五年生まれ。東京医科大学在学中から、古澤平作に師事し、教育分析を受けた。医師になってからも精神分析に関わっていたが、静岡県で永尾医院を開業して地域医療に尽力。この間に仏教へと転じて金子大榮に師事し在家信徒として活動し現在にいたる。また主著に『聞思の人生――金子大榮先生を偲ぶ』（法藏館、一九九八）他。現在、介護老人保健施設あおばケアガーデン施設長。

## クリストファー・ハーディング（Christpher Harding）

一九七八年生まれ。近代インドと日本に関する文化歴史学研究者。一九世紀後半からのインドと日本における西欧の宗教、哲学そして精神医学との遭遇を研究している。これらの遭遇から生じた新しい思想や治療法に興味を持っている。それは、これらの多くが、宗教やスピリチュアリティ、そしてメンタルヘルスの間の境界を曖昧化させており、その動きの中でわれわれの考え方に革命的な変化をもたらしているからである。最近の主著に共編書『現代日本における宗教と精神療法（Religion and Psychotherapy in Modern Japan）』（Routledge, 2014）他。著作と放送クレジットは、Aeon Magazine, BBC, History Todayそして BBC History Magazineで見ることができる。現在、英国エジンバラ大学 歴史学・古典学・考古学部 アジア史学科講師。

生田　孝
一九四九年生まれ。理論物理学研究（阪大、名大）から医学に転じ阪大医学部卒業。精神医学を専攻し、木村敏、清水將之、Blankenburg, W.に師事し、精神病理学、リエゾン精神医学、精神医学史、病跡学を専門とする。主著に『語り・妄想・スキゾフレニア』（金剛出版、二〇一一）、編訳書にW・ブランケンブルク『目立たぬものの精神病理』（みすず書房、二〇一二）他。現在、聖隷浜松病院顧問。

山中康裕
一九四一年生まれ。京都ヘルメス研究所・京都大学名誉教授、精神医学者、臨床心理学者。

妙木浩之
一九六〇生まれ。佐賀医科大学助教授を経て、現在、東京国際大学教授、精神分析家。

# 仏《ぶっ》教《きょう》精《せい》神《しん》分《ぶん》析《せき》
## 古澤平作先生を語る

2016年8月1日 印刷
2016年8月10日 発行

著者――永尾雄二郎
クリストファー・ハーディング
生田 孝

発行者――立石正信
発行所――株式会社 金剛出版
〒112-0005
東京都文京区水道1-5-16
電話 03-3815-6661
振替 00120-6-34848

装釘◉臼井新太郎
印刷所◉シナノ印刷
ISBN978-4-7724-1501-9 C3011